JUNG E A INTERPRETAÇÃO DOS SONHOS

BIBLIOTECA CULTRIX
DE PSICOLOGIA JUNGUIANA

James A. Hall

JUNG E A INTERPRETAÇÃO DOS SONHOS

Um Guia Prático e Abrangente para a Compreensão
dos Estados Oníricos à Luz da Psicologia Analítica

Tradução
Álvaro Cabral

Título do original: *Jugian Dream Interpretation — A Handbook of Theory and Practice*.

Copyright © 1983 James A. Hall.

Copyright da edição brasileira © 1985, 2021 Editora Pensamento-Cultrix Ltda.

2ª edição 2021. / 2ª reimpressão 2025.

Todos os direitos reservados. Nenhuma parte desta obra pode ser reproduzida ou usada de qualquer forma ou por qualquer meio, eletrônico ou mecânico, inclusive fotocópias, gravações ou sistema de armazenamento em banco de dados, sem permissão por escrito, exceto nos casos de trechos curtos citados em resenhas críticas ou artigos de revistas.

A Editora Cultrix não se responsabiliza por eventuais mudanças ocorridas nos endereços convencionais ou eletrônicos citados neste livro.

Editor: Adilson Silva Ramachandra
Gerente editorial: Roseli de S. Ferraz
Gerente de produção editorial: Indiara Faria Kayo
Editoração eletrônica: Join Bureau
Revisão: Adriane Gozzo

Dados Internacionais de Catalogação na Publicação (CIP)
(Câmara Brasileira do Livro, SP, Brasil)

Hall, James A.
 Jung e a interpretação dos sonhos: um guia prático e abrangente para a compreensão dos estados oníricos à luz da psicologia analítica / James A. Hall; tradução Álvaro Cabral. — 2. ed. — São Paulo: Editora Cultrix, 2021. — (Biblioteca Cultrix de psicologia junguiana)

 Título original: Jungian dream interpretation
 ISBN 978-65-5736-125-2

 1. Interpretação de sonhos 2. Jung, C. G. (Carl Gustav), 1875-1961 3. Psicologia analítica 4. Psicologia junquiana 5. Sonhos — Interpretação I. Título II. Série.

21-80709   CDD-154.63

Índices para catálogo sistemático:

1. Jung: Sonhos: Interpretação: Psicologia 154.63
Maria Alice Ferreira — Bibliotecária — CRB-8/7964

Direitos de tradução para a língua portuguesa adquiridos com exclusividade pela
EDITORA PENSAMENTO-CULTRIX LTDA., que se reserva a
propriedade literária desta tradução.
Rua Dr. Mário Vicente, 368 — 04270-000 — São Paulo, SP — Fone: (11) 2066-9000
http://www.editoracultrix.com.br
E-mail: atendimento@editoracultrix.com.br
Foi feito o depósito legal.

Para SUZANNE

marita, amatrix, soror

SUMÁRIO

Prefácio 11

1. Conceitos Básicos da Psicologia Junguiana ... 15
   Estruturas gerais 17
   Relação entre psique pessoal e psique objetiva ... 20
   Complexo e arquétipo 23
   Estruturas de identidade: ego e sombra 25
   Estruturas relacionais: *anima/animus* e *persona*.... 27
   O processo de individuação 32

2. A Natureza do Processo Onírico 37
   Os sonhos como compensação 39
   Usos não interpretativos dos sonhos 44

Interpretação dos sonhos e técnicas imaginativas 46

Identidade do ego e a estrutura dos complexos 47

3. A Abordagem Junguiana dos Sonhos 57

Ampliação de imagens 60

Contexto do sonho 62

4. Os Sonhos Como Instrumentos de Diagnóstico 65

Sonhos iniciais em análise 65

Imagens relacionadas numa série onírica 69

Diagnóstico diferencial 77

Princípios a recordar 90

5. Questões de Técnica 91

Transferência e contratransferência 92

Medicação em análise 98

Análise redutiva e análise prospectiva 101

O ego afetado e os sonhos 104

Interpretação retardada e não interpretação 108

Terapia de grupo concomitante à terapia individual 111

Pontos a recordar 113

6. Imagens do Ego e Complexos em Sonhos 115

Identificação de complexos 116

Mudanças estruturais: limites e fronteiras 119

Estruturas relacionais e estruturas de identidade 121

O Si-mesmo e o eixo Ego-Si-mesmo 128

Ampliação arquetípica... 132

7. Temas Oníricos Comuns... 135

Incesto 136

Luto 137

Casas 139

Automóveis 140

Álcool e drogas.. 143

Morte 145

Serpentes... 147

8. A Moldura do Sonho 151

O sonho-dentro-de-um-sonho.............................. 152

Sonhos com a realidade tal como ela é 154

Referências temporais e espaciais 155

Fenômenos sincronísticos..................................... 156

9. O Simbolismo em Alquimia 163

Motivos alquímicos em sonhos 165

Conjunctio: imagens de união 168

10. Sonhos e Individuação... 171

A natureza da neurose.. 171

A relativização do ego 177

O ego individuante 179

O ego onírico e o ego vígil 182

Conhecimento focal e conhecimento tácito 185

11. As Duas Tensões da Interpretação dos Sonhos 189

Objetiva e subjetiva... 189

Pessoal e arquetípica... 192

Resumo... 197

Notas 201

Glossário de Termos Junguianos 205

PREFÁCIO

Durante os primeiros dois anos de minha prática psiquiátrica, tentei manter atitude neutra em relação às diferentes teorias de interpretação dos sonhos. Eu esperava que, ao considerar todas essas teorias igualmente válidas, me acharia em condições de discriminar as vantagens e desvantagens de cada uma delas, com base na minha observação clínica. Alimentava a esperança de decidir racionalmente, por mim mesmo, qual teoria de interpretação dos sonhos me pareceria a preferível.

Os dois principais rivais nessa competição de teorias eram Freud e Jung, com suas respectivas abordagens da interpretação dos sonhos. Durante os anos de minha formação médica e psiquiátrica, as teorias freudianas eram exclusivamente enfatizadas quando se mencionavam os sonhos, se é que chegavam a sê-lo alguma vez. Durante a residência psiquiátrica no Duke University Medical Center, minha análise pessoal foi realizada com o Dr. Bingham Dai, um sullivaniano, que ressaltou a relação do material onírico com os padrões familiares iniciais e as identidades do ego baseadas nesses relacionamentos. Ainda me lembro de que, após 75 horas de análise com ele, observei com impaciência: "*Conheço* meu complexo materno; não temos de descobrir *isso*, novamente, num sonho!". Ele riu amavelmente, sabedor (como mais tarde vim a perceber) da diferença entre *conhecer* como conteúdo cognitivo e *conhecer* na acepção de sabedoria de vida. Quando saí da Duke University para regressar ao Texas, o último conselho que o Dr. Dai me deu foi: "Não mergulhe fundo demais, com excessiva pressa, na teoria junguiana". Ele pressentiu, ao que parece, minha profunda atração subsequente pelas concepções junguianas.

Finalmente, para mim tornou-se impossível lidar com os sonhos, de maneira satisfatória, a partir de uma perspectiva não junguiana. Todas as outras teorias dos sonhos pareciam ser casos especiais da concepção junguiana, mas eu não conseguia encaixar a ampla visão de Jung em qualquer outra teoria existente. Tornei--me junguiano convicto.

Minha própria análise junguiana foi o mestre básico acerca do significado dos sonhos, motivo pelo qual serei sempre grato a meus analistas Rivkah Scharf Kluger, Dieter Baumann, Marie-Louise von Franz e Edward Whitmont. O trabalho com inúmeros analisandos ao longo de muitos anos de prática clínica proporcionou-me a confirmação desses dados. Em 1977, publiquei um texto básico sobre interpretação dos sonhos intitulado *Clinical Uses of Dreams: Jungian Interpretations and Enactments*, no qual comparei a teoria junguiana dos sonhos a outras teorias significativas, sublinhando diferenças e semelhanças. Também incluí uma modesta tentativa de relacionar a teoria onírica junguiana ao estudo de laboratório do sono e do sonho.

O presente volume não reexamina essas várias comparações, mas oferece conselhos práticos e honestos quanto à interpretação dos sonhos e seu uso à luz dos princípios básicos da psicologia junguiana. Destaquei constantes problemas clínicos, apresentando exemplos e discussões dos *motivos* pelos quais certas interpretações são preferidas, e, na maioria dos casos, demonstrei como essas interpretações se relacionam com mudanças clínicas. São indicadas algumas referências úteis, mas não há a intenção de voltar a fornecer uma recapitulação exaustiva da crescente literatura sobre a interpretação dos sonhos.

Podem-se fornecer diretrizes gerais para a interpretação dos sonhos, mas não é possível apontar regras estanques de procedimento. Não existe substituto para a análise pessoal e para a experiência clínica de um indivíduo sob supervisor qualificado, ambos elementos essenciais de qualquer treinamento psicanalítico em qualquer escola de qualquer ênfase.

Os sonhos utilizados aqui como ilustrações clínicas não são apresentados com toda gama de ampliação que pode ocorrer numa hora de análise. Nem tampouco, na maioria dos casos, tentei mostrar a rica matriz de um significado pessoal em que um sonho pode ser acomodado durante a análise. Essas omissões são necessárias por questão de brevidade e para permitir que nos concentremos no problema clínico ilustrado.

Todos os sonhos foram utilizados com a autorização das pessoas que os tiveram, embora se possa argumentar que motivos e tipos semelhantes de sonhos ocorrem frequentemente em muitos indivíduos. Por conseguinte, nenhum dos meus analisandos identificará qualquer dos sonhos como seu, nem deverá tomar os comentários sobre um exemplo de sonho referentes a qualquer dos seus. Esses sonhos são extraídos da rica matriz de análise clínica junguiana e apresentados com fins ilustrativos especiais.

Capítulo 1

CONCEITOS BÁSICOS DA PSICOLOGIA JUNGUIANA

Jung empregou determinados termos para descrever as diferentes partes da psique, tanto a consciente quanto a inconsciente. Esses conceitos foram empiricamente deduzidos da observação de uma considerável quantidade de material clínico, incluindo os primeiros trabalhos de Jung com associação de palavras, que formaram a base para o teste de polígrafo (o moderno detector de mentiras) e para o conceito de complexos psicológicos. (Jung já estava profundamente envolvido nos estudos de associação de palavras quando leu, pela primeira vez, *A interpretação dos sonhos*, de Freud, publicado em 1900.)

É útil considerar os conceitos junguianos básicos em várias categorias, embora nos cumpra lembrar que as divisões são mais ou menos arbitrárias e por conveniência de descrição e discussão; na psique vivente, níveis diferentes e estruturas várias funcionam como um todo organizado. Existem duas divisões topográficas básicas: a consciência e o inconsciente. O inconsciente, por sua vez, está dividido em inconsciente pessoal e psique objetiva. A primitiva designação junguiana da psique objetiva foi "inconsciente coletivo"; esse ainda é o termo mais amplamente utilizado quando se discute a teoria de Jung. O termo "psique objetiva" foi introduzido para evitar confusão com os grupos coletivos heterogêneos da espécie humana, uma vez que Jung quis enfatizar, de modo especial, que as profundezas da psique humana são objetivamente tão reais quanto o universo "real", exterior, da experiência consciente coletiva.

Há, pois, quatro níveis da psique:

1) *consciência pessoal*, ou percepção consciente ordinária;
2) *inconsciente pessoal*, exclusivo de uma psique individual, mas não consciente;
3) *psique objetiva*, ou inconsciente coletivo, que possui estrutura aparentemente universal na humanidade; e
4) mundo exterior da *consciência coletiva*, mundo cultural de valores e formas compartilhados.

Nessas divisões topográficas básicas, há estruturas gerais e especializadas. As estruturas gerais são de dois tipos: imagens arquetípicas e complexos. As estruturas especiais das partes pessoais da psique, tanto conscientes como inconscientes, são quatro: o *ego*, a *persona*, a *sombra* e a *sizígia* (grupamento pareado) de *animus/anima*. Na psique objetiva, existem arquétipos e imagens arquetípicas cujo número não pode ser estabelecido com precisão, embora haja um notável arquétipo: o Si-mesmo, que também pode ser referido como o arquétipo central de ordem.

ESTRUTURAS GERAIS

Os *complexos* são grupamentos de imagens afins que se conservam juntas por meio de um tom emocional comum. Jung descobriu a presença de complexos emocionalmente harmonizados quando notou a regularidade nas associações dos indivíduos a respostas omitidas ou retardadas, no experimento de associação de palavras. Verificou que, em cada indivíduo, a tendência dessas associações era a de se aglomerarem em torno de certos temas, como as associações com a mãe – "complexo materno". O termo "complexo" passou, desde muito tempo, para o uso cultural geral, de modo mais ou menos vago e impreciso. Os complexos são o conteúdo básico do inconsciente pessoal.

As *imagens arquetípicas* são o conteúdo básico da psique objetiva. Os próprios arquétipos não são diretamente observáveis, mas, à semelhança de um campo magnético, são discerníveis por sua influência sobre o conteúdo visível da mente, as imagens arquetípicas e os complexos personificados ou mentalmente representados. O arquétipo é, em si mesmo, uma tendência para estruturar as imagens de nossa experiência, de maneira particular, mas não é a própria imagem. Ao examinar o conceito de arquétipo, Jung comparou-o à formação de um cristal numa solução saturada: a estrutura treliçada de determinado cristal obedece a certos princípios (o arquétipo), ao passo que a forma concreta que ele tomará (imagem arquetípica) não pode ser prevista. Todos nascemos com tendência a formar certas imagens, mas não com as próprias imagens. Há uma tendência humana universal, por exemplo, para formar uma imagem de mãe, mas cada indivíduo forma certa imagem materna com base nesse arquétipo humano universal.

As imagens arquetípicas são imagens profundas e fundamentais, que se formam pela ação dos arquétipos sobre a experiência que vai se acumulando na psique individual. Elas diferem das imagens dos complexos à medida que possuem significado mais generalizado, mais universal, muitas vezes com qualidade afetiva de profundo efeito espiritual ou místico. As imagens arquetípicas significativas a um grande número de pessoas, durante longo período de tempo, tendem a se inserir culturalmente no consciente coletivo. Exemplos de forma cultural são as imagens do rei, da rainha, da Virgem Maria e de figuras religiosas como Jesus ou Buda. Muitas figuras e situações coletivas comportam imagens arquetípicas sem que as pessoas se apercebam ordinariamente da projeção. Fortes reações emocionais após o assassinato ou a morte de uma figura pública, como um presidente, um rei, um astro de cinema ou um líder religioso, mostram que, para muitas pessoas, essa figura possuía projeção arquetípica.

Qualquer experiência humana regularmente repetida tem alicerce arquetípico: nascimento, morte, união sexual, casamento, conflito de forças antagônicas etc. Embora os arquétipos possam ter evoluído, constituem uma variável tão lenta que, para todos os fins práticos, podemos considerá-los fixos no tempo histórico.

No modelo de Jung, o Si-mesmo é o centro regulador de toda a psique, enquanto o *ego* é apenas o centro da consciência pessoal. O Si-mesmo é o centro ordenador que, na realidade, coordena o campo psíquico. Adicionalmente, é também o suporte arquetípico da identidade do ego individual. O termo "Si-mesmo" ainda é usado para nos referirmos à psique como um todo. Assim, temos três significados separáveis para Si-mesmo:

1) a psique como um todo, funcionando como unidade;
2) o arquétipo central de ordem, quando considerado do ponto de vista do ego; e
3) a base arquetípica do ego.

Como o Si-mesmo é uma entidade mais abrangente que o ego, sua percepção pelo ego assume, frequentemente, a forma de um símbolo de valor superior: imagens de Deus, o Sol como centro do sistema solar, o núcleo como centro do átomo etc. O tom afetivo de uma experiência do Si-mesmo é, amiúde, sobrenatural ou fascinante e inspira respeitoso temor. O ego que tem a experiência do Si-mesmo pode sentir que é objeto de um poder superior. Quando o ego é instável, o Si-mesmo poderá se apresentar como tranquilizador símbolo de ordem, com frequência na forma de mandala, figura com periferia clara mais um centro, tal como um círculo em quadratura ou um quadrado dentro de um círculo, embora as formas sejam suscetíveis de infindável elaboração. Nas tradições religiosas orientais, os arranjos de mandala contêm, muitas vezes, imagens de divindades e são usados em práticas de meditação. Embora o Si-mesmo seja o menos empírico dos conceitos estruturais de Jung – por estar na fronteira do que pode ser clinicamente demonstrado –, é um termo útil para descrever, de maneira psicológica, o que, de outro modo, é indescritível. Com efeito, no plano fenomenológico, o Si-mesmo é virtualmente indistinguível do que a tradição denominou Deus.

RELAÇÃO ENTRE PSIQUE PESSOAL E PSIQUE OBJETIVA

Nosso ponto de referência na psique é o complexo do ego, a estrutura a que nos referimos sempre que usamos o pronome da primeira pessoa do singular "Eu". Entretanto, as camadas pessoais da psique assentam-se em base arquetípica, na psique objetiva, ou inconsciente coletivo. A esfera pessoal, tanto consciente como inconsciente, desenvolve-se a partir da matriz da psique objetiva e está continuamente relacionada, de maneira orgânica e profunda, com essas áreas mais íntimas da psique, embora o ego desenvolvido seja inevitavelmente propenso a se considerar, de modo ingênuo, o centro da psique. Esse procedimento é análogo a levar em consideração a diferença entre o Sol girar em torno da Terra ou vice-versa.

A atividade das camadas mais profundas da psique é claramente vivenciada em sonhos, experiência humana universal, e pode irromper de forma excessiva na psicose aguda. Em uma análise junguiana intensiva, o analisando passa a se dar conta dos movimentos essencialmente proveitosos e salutares da psique objetiva, que promovem e facilitam o processo de individuação empírica do ego, e a avaliá-los. Alguns analisandos aprendem a técnica junguiana de imaginação ativa, por meio da qual é possível contatar intencionalmente essas camadas mais profundas da psique durante a vida vígil.

Em termos estruturais, cada complexo na esfera pessoal (consciente ou inconsciente) é formado a partir de uma matriz arquetípica na psique objetiva. No âmago de todo e qualquer complexo está um arquétipo. O ego se forma a partir do núcleo arquetípico do Si-mesmo; por trás do complexo materno pessoal está o arquétipo da Grande Mãe; a imago do pai e da mãe juntos tem, no centro, a imagem arquetípica dos pais divinos, e existem profundas raízes arquetípicas para a sombra e os muitos papéis da *persona*. Uma forma arquetípica pode envolver a combinação de formas separáveis, por exemplo, o casamento divino, ou *hieros gamos,* pode também simbolizar a unificação de opostos.

A camada arquetípica da psique tem a capacidade de formar símbolos que, com efeito, unem conteúdos irreconciliáveis no nível pessoal. A essa capacidade da psique objetiva para formar símbolos reconciliatórios dá-se o nome de *função transcendente*, porque pode transcender a tensão consciente de opostos. Nesse processo, os conflitos não desaparecem necessariamente; são, antes, transcendidos e relativizados.

Como cada complexo na psique pessoal se assenta em base arquetípica na psique objetiva, qualquer complexo penetrado a suficiente profundidade revelará suas associações arquetípicas. Grande parte da arte analítica junguiana reside em ampliar imagens ao ponto em que o ego experiencia sua conexão com o mundo arquetípico de modo terapêutico, mas não em tal medida que soçobre num mar de conteúdos arquetípicos não unificados. Por exemplo, se o ego está apto a experimentar sua conexão com o Si-mesmo, forma-se um eixo ego-Si-mesmo, e, daí em diante, o ego terá uma percepção mais duradoura de sua relação com o próprio núcleo da psique. Mas, se um ego fraco ou não desenvolvido tiver essa experiência, poderá ser assimilado pelo Si-mesmo, manifestando-se como arrogância psíquica e perda de claro ponto de apoio na consciência, ou, na pior das hipóteses, como psicose temporária. A frequente experiência de "ser Deus", quando se tomam drogas psicodélicas como o LSD e a psilocibina, constitui a experiência do ego drogado de seu núcleo arquetípico no Si-mesmo, mas sem suficientes amarras na realidade para estabelecer um eixo ego-Si-mesmo estável.

COMPLEXO E ARQUÉTIPO

Cada complexo é um grupo de imagens relacionadas entre si, formadas em torno de um núcleo central de significado, em essência, arquetípico. Desde o momento da primeira tomada de consciência, essas possibilidades arquetípicas da psique se enchem de experiência pessoal, de modo que o ego adulto sente que o conteúdo consciente, subjetivo, é simplesmente a soma das próprias experiências pessoais passadas. Com frequência, é somente em análise, em sonhos ou em experiências emocionais muito comoventes que o ego desenvolvido pode experimentar os verdadeiros alicerces arquetípicos dos complexos. Na prática analítica, muitas técnicas imaginativas podem ser usadas para facilitar essa percepção consciente: imaginação guiada, técnicas de *gestalt*, desenho, trabalho com barro, dança, construção de formas projetivas num tabuleiro de areia, técnicas hipnoanalíticas ou, a mais pura forma, a imaginação ativa. Para que a individuação avance de maneira sumamente direta, o ego deve sempre adotar atitude favorável ao conteúdo da psique objetiva revelado nessas atividades – não apenas evocá-lo, como o aprendiz de feiticeiro.

Dado que cada complexo contém imagens pessoais numa matriz arquetípica, há sempre o perigo de que as associações pessoais sejam tomadas equivocadamente pelo núcleo de um complexo, o que leva a uma análise meramente redutiva, isto é, à interpretação de conflitos atuais apenas à luz das primeiras experiências infantis. De modo inverso, a excessiva ampliação arquetípica de imagens poderá levar a certa compreensão dos arquétipos, mas é suscetível de deixar escapar ou não se perceber a conexão curativa entre a psique pessoal e a objetiva.

Para melhor compreender a interação dinâmica entre as várias estruturas psicológicas conceituadas por Jung, convém separá-las em duas categorias: estruturas de identidade e estruturas de relação. O ego e a sombra são, primordialmente, estruturas de identidade, ao passo que a *persona* e a *anima,* ou o *animus,* são, primeiro, estruturas de relação. No processo natural de individuação, parece haver, antes, a necessidade de formar um ego forte e confiável, com o qual o indivíduo se estabeleça no mundo. Segue-se a tarefa de se relacionar com as outras pessoas e com a cultura coletiva em que o indivíduo está inserido. Só mais adiante na vida virá a época em que o ego costuma sentir a necessidade de se relacionar com as forças arquetípicas, que servem de apoio tanto à cultura coletiva quanto à psique pessoal – necessidade que se manifesta, frequentemente, como a chamada crise da meia-idade.

ESTRUTURAS DE IDENTIDADE: EGO E SOMBRA

Uma identidade básica do ego se forma muito cedo, inicialmente inserida na díade mãe-filho, depois ampliada na unidade familiar e expandindo-se, ainda mais tarde, para incluir um meio cultural cada vez mais vasto. No processo de formação do ego, certas atividades e tendências inatas do indivíduo serão aceitas pela mãe ou pela família e outras atividades e impulsos serão negativamente valorados, portanto rejeitados. A crise do treinamento da higiene pessoal (*toilet-training*) simboliza muitas outras interações mais sutis em que a identidade do ego da criança em crescimento é moldada pelas preferências e aversões das pessoas de quem ela depende. As tendências e os impulsos rejeitados pela família não são simplesmente perdidos; tendem a se aglomerar como imagem do *alter ego*, logo abaixo da superfície do inconsciente pessoal. Esse *alter ego* é o que Jung chamou de *sombra*, porque, quando parte de um par de opostos é trazida para a "luz" da consciência, a outra parte rejeitada cai, metaforicamente, na "sombra" do inconsciente.

Como o conteúdo ou as qualidades da sombra eram potencialmente parte do ego em desenvolvimento, continuam comportando sentido de identidade pessoal, mas de uma espécie rejeitada ou inaceitável, usualmente associada a sentimentos de culpa. Uma vez que a sombra foi dinamicamente dissociada da identidade do ego dominante no decorrer do desenvolvimento inicial, seu possível retorno para reclamar uma parcela de vida consciente provoca ansiedade. Grande parte do trabalho de rotina da psicoterapia e da análise consiste em criar um lugar onde seja seguro reexaminar o conteúdo da sombra e possivelmente integrar muito do que antes fora descartado pela divisão (*splitting*) inicial, na formação do ego. Muitos atributos naturais da psique dissociados na infância são realmente necessários ao saudável funcionamento adulto. Os impulsos agressivos e sexuais, por exemplo, são, com frequência, dissociados, dado que sua expressão na infância seria imprópria ou culturalmente inaceitável, além de embaraçosa para os pais; mas essas qualidades são essenciais para a personalidade adulta normal, quando podem ser moldadas e integradas de modo inacessível à imatura estrutura do ego da criança. Outras qualidades, mesmo a livre expressão da inteligência inata, podem ser, do mesmo modo, dissociadas na sombra.

A integração consciente do conteúdo da sombra tem o duplo efeito de ampliar a esfera de atividade do ego e libertar a energia previamente necessária para manter a dissociação e a repressão das qualidades da sombra. O indivíduo experimenta isso, amiúde, como uma nova vida.

Porque a sombra é potencialmente ego, ela tende a possuir a mesma identidade sexual do ego, masculina no homem e feminina na mulher. Além de ser personificada em sonhos e material de fantasia, a sombra é, em geral, projetada em pessoas do mesmo sexo, muitas vezes alguém, ao mesmo tempo, antipatizado e invejado por ter qualidades que não estão suficientemente desenvolvidas na imagem dominante do próprio indivíduo.

ESTRUTURAS RELACIONAIS: *ANIMA/ANIMUS* E *PERSONA*

A identidade realçada do ego, formada pela assimilação de partes da sombra, manifesta-se mais claramente quando da necessidade de relacionamento com os outros, tanto com outras pessoas quanto com a cultura transpessoal do mundo do consciente coletivo e o conteúdo arquetípico transpessoal da psique objetiva. As duas formas estruturais facilitadoras dessa tarefa de se relacionar são a *anima* ou o *animus* e a *persona*.

As qualidades culturalmente definidas como impróprias à identidade sexual do ego tendem a ser excluídas até mesmo do *alter ego,* ou sombra, e formam, ao contrário, uma constelação em torno de uma imagem contrassexual: uma imagem masculina (*animus*) na psique de uma mulher e uma imagem feminina (*anima*) na psique de um homem. Jung observou tais imagens nos sonhos e no material de fantasia de seus pacientes, apercebendo--se de que elas se revestem de tamanha importância que sua alienação poderá produzir um sentimento descrito pelas culturas primitivas como "perda da alma".

O modo usual como a *anima* ou o *animus* é experimentado é o de uma projeção numa pessoa do sexo oposto. Em vez de uma projeção da sombra, tal projeção da *anima* ou do *animus* confere qualidade de fascínio à pessoa que a "contém". "Apaixonar-se" é um exemplo clássico de mútua projeção de *animus* e *anima* entre mulher e homem. Durante essa projeção mútua, o sentimento de valor pessoal de um indivíduo é encarecido na presença da pessoa que representa a imagem da alma em forma projetada, mas pode resultar numa correspondente perda de alma e num vazio se a conexão não for mantida. Essa fase projetiva, a identificação inconsciente de outra pessoa com a imagem da alma na própria psique de um indivíduo, é sempre limitada no tempo; cessa inevitavelmente, com variados graus de animosidade, porque nenhuma pessoa real pode estar de acordo com as fantásticas expectativas que acompanham a imagem projetada da alma. E, com o fim da projeção, a tarefa de estabelecer uma relação genuína com a realidade da outra pessoa se apresenta.

Consideradas estruturas da psique, as imagens anímicas de *anima* e *animus*, mesmo em projeção, têm a função de ampliar a esfera pessoal da consciência. Seu fascínio estimula o ego e o impele a modos de ser ainda não integrados. A retirada da projeção, se acompanhada da integração do conteúdo projetado, leva, inevitavelmente, ao aumento do conhecimento consciente. Se a *anima* ou o *animus* projetados não forem integrados, ao se retirar a projeção, o mais provável é que o processo volte a ocorrer com alguma outra pessoa.

A função intrapsíquica da *anima* ou do *animus*, seu papel dentro do indivíduo, é diretamente análogo ao modo como funciona em forma projetada: desvia o indivíduo dos modos habituais de funcionamento, desafia-o a ampliar os horizontes e a avançar para uma compreensão mais abrangente de si mesmo. Essa função intrapsíquica pode ser, muitas vezes, acompanhada de uma série de sonhos ou ser vista em produções artísticas, como o romance vitoriano *She*, de Rider Haggard, frequentemente citado por Jung. Rima, a mulher-pássaro do romance *Green Mansions*, é um exemplo menos complexo. O retrato da Monalisa, de Leonardo da Vinci, capta o misterioso e enigmático fascínio de uma figura da *anima*, enquanto Heathcliff, em *Wuthering Heights* (O Morro dos Ventos Uivantes) é um retrato clássico do *animus*; a grande ópera de Offenbach, *Tales of Hoffmann* (Contos de Hoffmann), ocupa-se por completo das dificuldades de integração de várias formas da *anima*, todas com seu inevitável fascínio.

Como a imagem da *anima* ou do *animus* é uma estrutura inconsciente, ou existe na própria fronteira do inconsciente pessoal e da psique objetiva, é essencialmente abstrata e carece das qualidades e dos matizes sutis de uma pessoa real. Por essa razão, se o homem manifesta sua *anima*, ou a mulher, seu *animus*, a personalidade consciente perde a capacidade de discriminar e a habilidade para lidar com a intricada interação de opostos.

Na cultura europeia tradicional (na qual Jung viveu a maior parte das primeiras décadas de vida), a *anima* do homem tendia a carregar consigo seu lado emocional não integrado e, portanto, era suscetível de se manifestar mais num certo sentimentalismo que num sentimento maduro e integrado. Do mesmo modo, o *animus* da mulher tradicional era passível de se manifestar mais como pensamento e intelecto subdesenvolvidos, com frequência na forma de pensamentos dogmáticos, que em posições logicamente formuladas.

É essencial não confundir esses estereótipos históricos e culturais com o papel funcional da *anima* e do *animus* como figuras da alma. Com a crescente liberdade cultural de homens e mulheres adotarem papéis não tradicionais, o conteúdo ou a aparência geral da *anima* e do *animus* está efetivamente mudado, mas seu papel essencial como guia do psicopompo permanece tão claro quanto nas primeiras descrições de Jung. A integração parcial da *anima* ou do *animus* (que não pode ser tão completa quanto a da sombra) auxilia a capacidade pessoal de lidar com a complexidade de outras pessoas, assim como de outras partes da própria psique.

A *persona* é a função de relacionamento com o mundo coletivo exterior. *Persona* é um termo derivado da palavra grega para "máscara", que comporta implicações quanto às máscaras cômicas e trágicas do teatro grego clássico. Qualquer cultura fornece muitos papéis sociais reconhecidos: pai, mãe, marido, esposa, médico, sacerdote, advogado etc. Esses papéis envolvem, numa cultura, modos geralmente esperados e aceitáveis de funcionamento, incluindo até, com frequência, certos estilos de vestuário e de comportamento. O ego em desenvolvimento escolhe vários papéis, integrando-os mais ou menos na identidade do ego dominante. Quando os papéis da *persona* se ajustam bem – isto é, quando refletem verdadeiramente as capacidades do ego –, facilitam a interação social normal. O médico, ao vestir o avental branco e ao "vestir" psicologicamente a *persona* da profissão médica, está mais facilmente apto a realizar os exames necessários (e potencialmente embaraçosos) do funcionamento corporal do paciente. (A *persona* inversa, a do paciente, é notoriamente difícil de os médicos assumirem quando eles próprios estão doentes.)

O ego saudável pode, com maior ou menor êxito, adotar diferentes papéis de *persona*, de acordo com as necessidades apropriadas de dada situação. A sombra, em contraste, é tão pessoal que constitui algo que o indivíduo "tem" (se, na realidade, não tem o ego, por vezes). Existem, entretanto, casos de funcionamento anômalo da *persona* que exigem, com frequência, intervenção psicoterapêutica. Três destacam-se: (1) desenvolvimento excessivo da *persona*; (2) desenvolvimento inadequado da *persona*; e (3) identificação com a *persona* a tal ponto que o ego se sente equivocadamente idêntico ao papel social primário.

O desenvolvimento excessivo da *persona* pode produzir uma personalidade que preenche com precisão os papéis sociais, mas deixa a impressão de que não existe, "dentro", uma pessoa real. O desenvolvimento insuficiente da *persona* produz uma personalidade abertamente vulnerável à possibilidade de rejeição e dano, ou de ser arrebatada ou eliminada pelas pessoas com as quais se relaciona. As formas usuais de psicoterapia individual ou de grupo são de grande ajuda nessas condições.

A identificação com a *persona* é um problema que se reveste de maior gravidade, em que existe uma percepção insuficiente de que o ego é separável do papel da *persona* social, de modo que tudo o que ameace o papel social é vivenciado como ameaça direta à integridade do próprio ego. A "síndrome do ninho vazio" – tédio e depressão quando os filhos se emancipam e abandonam o lar – denuncia uma superidentificação com a *persona* do papel parental e pode ocorrer em homens e mulheres. A pessoa que se sente vazia e à deriva, exceto quando está trabalhando, usou mal a *persona* apropriada ao trabalho ou à profissão e não cultivou um sentimento mais amplo de identidade e competência. O tratamento analítico é frequentemente necessário para resolver sérios problemas de identificação com a *persona*.

O PROCESSO DE INDIVIDUAÇÃO

Individuação é um conceito central na teoria junguiana. Refere--se ao processo em que uma pessoa, na vida real, tenta consciente e deliberadamente compreender e desenvolver as potencialidades individuais inatas de sua psique. Como as possibilidades arquetípicas são muito vastas, qualquer processo de individuação deve, com certeza, ficar aquém da realização de tudo o que é inatamente possível. O fator importante, por conseguinte, não é a soma de realização, mas se a personalidade está sendo fiel às próprias potencialidades mais profundas, em vez de simplesmente ceder às tendências egocêntricas e narcisistas ou de se identificar com papéis culturais coletivos.

O ego pode se identificar com estruturas no inconsciente pessoal que não estão em harmonia com o processo mais amplo de individuação. Na grande maioria dos casos, isso gera a neurose – sensação de estar dividido, nunca uno e indiviso em termos de reação e sentimento. Viver na família um papel que lhe foi atribuído na infância pode produzir acentuada divisão neurótica, bem como uma tentativa de evitar o avanço para os estágios seguintes da vida, o que fixa o indivíduo num nível mais antigo.

O ego também pode não estar em contato com o processo de individuação como resultado da identificação com papéis oferecidos nas esferas coletivas – ou papéis do inconsciente coletivo, em que o ego se identifica com um arquétipo e se torna arrogante, ou, ainda, aqueles oferecidos no consciente coletivo, os papéis sociais –, tornando-se algo que, por mais valioso que seja, não condiz com o destino individual. A identificação com um papel social (identificação com a *persona*), mesmo levando em consideração que esse papel seja aceito e bem recompensado por vasto segmento de uma sociedade, não é individuação. Jung considerou que Hitler e Mussolini exemplificaram essa identificação com as figuras oriundas do inconsciente coletivo, a qual conduziu ambos e nações inteiras à tragédia.[1]

O extremo de identificação com um papel arquetípico na psique objetiva (inconsciente coletivo) resulta numa identificação psicótica com uma figura maior (e menos humana) que o ego.

Algumas identificações arquetípicas são confusões do ego com um herói cultural ou uma figura salvadora – Cristo, Napoleão etc. Mesmo as identificações negativas podem alcançar proporções arquetípicas (inflação negativa), como nas pessoas em depressão psicótica que sentem ter cometido um "pecado imperdoável", colocando-se, por implicação, até acima do poder de Deus de perdoar.

É difícil descrever um processo típico ou bem-sucedido de individuação porque cada pessoa deve ser considerada um caso único de tal processo. Podem ser enunciadas certas "normas", como comparar o processo usual de individuação ao curso do Sol – subindo para a claridade, com uma definição durante a primeira metade da vida, e declinando para a morte, na segunda metade[2] –, mas essas generalizações têm constantes exceções quando lidamos, de muito perto, com indivíduos, como no processo analítico.

Em sua ênfase sobre o processo de individuação como conceito central da psicologia analítica, Jung assinalou claramente a profunda importância e o valor ímpar da vida humana. Essa prioridade está refletida nas grandes religiões mundiais, mas falta em muitos movimentos modernos de massa, onde o indivíduo é reduzido a uma unidade social, econômica ou militar. Nesse sentido, a individuação constitui um contraponto à ameaça de perda de valor humano num mundo excessivamente organizado em bases tecnológicas ou ideológicas.

Durante toda a vida, Jung manteve grande interesse pela experiência religiosa. Dedicou-se ao estudo de religiões orientais, entendeu a alquimia como prática religiosa e psicológica não ortodoxa e explorou os rituais de transformação que encontrou ainda ativos no seio da tradição cristã ocidental. Já que o Si-mesmo se apresenta fenomenologicamente com as mesmas imagens que têm sido associadas, com frequência, à divindade, ele funciona, em certa medida, como imagem de Deus na psique. A relação entre essa imagem e aquela referida pela especulação teológica como Deus é, de fato, uma questão em aberto, embora não seja frequentemente debatida. Experiências sobrenaturais ocorrem em alguns sonhos e parecem ser capazes, se assimiladas, de produzir profundas e douradoras alterações na estrutura da personalidade, efeito paralelo a algumas conversões religiosas e a certas experiências culminantes na vida vígil.

O processo de individuação, tal como é entendido na teoria junguiana e encorajado na análise, envolve diálogo contínuo entre o ego, como centro responsável pela consciência, e um misterioso centro regulador da psique total, centro a que Jung chamou Si-mesmo – tanto o núcleo do ego como o que o transcende, necessitando do ego para que se desenrole o processo de individuação, aparentemente separado e independente dos estados de ego. Ignoramos qual seja a natureza do Si-mesmo; é um conceito necessário ao exame de atividades observáveis da psique, mas não suscetível de elucidação direta.

Uma análise junguiana "bem-sucedida" leva à apreciação da natureza fundamentalmente misteriosa da psique, a qual parece ser, ao mesmo tempo, íntima e transpessoal, limitada pelo ego individual e, no entanto, mais livre no tempo e no espaço que a personalidade empírica. Nessa fronteira da psique, estamos no limiar de questões culturais mais vastas, que não podem ser respondidas exclusivamente pelo *insight* clínico.

Capítulo 2

A NATUREZA DO PROCESSO ONÍRICO

Sonhar é uma experiência humana universal. Em sentido fenomenológico, o sonho é uma experiência da vida que se reconhece, em retrospecto, ter ocorrido na mente quando adormecida, embora no momento em que tenha acontecido contivesse o mesmo senso de verossimilhança que associamos às experiências da vida vígil, ou seja, parece acontecer num mundo "real" que só em retrospecto é reconhecido como um mundo "onírico".

A fenomenologia do sonho envolve acontecimentos não vividos no mundo vígil: mudanças súbitas de tempo e lugar, assim como de idade; presença de pessoas que se sabe ter morrido ou de pessoas e animais fantásticos. Talvez a mudança mais radical experimentada num sonho seja a da própria identidade do ego, de um personagem para outro, ou talvez para personagem nenhum, como se o ego onírico observasse os acontecimentos de uma posição flutuante e onisciente.

Durante as últimas décadas, realizou-se uma quantidade imensa de investigações a respeito de estados neurofisiológicos associados ao processo onírico. Até o momento, esses estudos permitiram aos investigadores definir, com alguma precisão, quando o indivíduo adormecido se encontra em estado REM, estado de sono ascendente da Fase 1, com rápidos movimentos oculares [*Rapid Eye Movements,* ou REM, de acordo com a sigla universalmente utilizada]. Quando é despertado nesse estado REM, há grande probabilidade (mas não certeza) de que o indivíduo informe ter estado sonhando imediatamente antes de ser despertado. Entretanto, são conhecidos alguns relatos de sonhos provenientes de fases não REM do sono. Embora haja alguns estudos preliminares e fascinantes que parecem ligar a direção dos movimentos oculares ao conteúdo dos sonhos vivenciados,[3] essa observação ainda carece ser confirmada o suficiente, para ser geralmente aceita.

Como o estado REM ocupa a maior parte do tempo de bebês prematuros e diminui com regularidade durante o processo de envelhecimento, diria-se ser mais um estado biologicamente determinado que um que apenas serve às necessidades psicológicas do indivíduo. O sono REM é encontrado também na maioria das espécies animais, nas quais os fatores psicológicos não constituem consideração importante. Pode representar, no início, um processamento de informação relacionado à visão binocular ou servir ao propósito de alertar, periodicamente, o sistema nervoso central durante a noite.

Seja qual for a base biológica do processo onírico, tudo parece indicar que, no ser humano, ele é necessário ao funcionamento psicológico saudável. Freud atribuiu ao sonho o papel de guardião do sono, impedindo a irrupção de impulsos reprimidos, posição que, em geral, não se considera de acordo com as pesquisas mais modernas sobre o sonho. Em contrapartida, a posição de Jung é a de que o sonho compensa as visões limitadas do ego vígil, finalidade em harmonia com a hipótese de processamento de informação da atividade onírica, mas que vai muito além da mera assimilação de novos dados.

OS SONHOS COMO COMPENSAÇÃO

Na psicologia junguiana, o sonho é considerado um processo psíquico natural, regulador, análogo aos mecanismos compensatórios do funcionamento corporal. A percepção consciente pela qual o ego se orienta constitui apenas, inevitavelmente, uma visão parcial, pois muita coisa fica sempre fora da esfera do ego. O inconsciente contém material esquecido, além de material como os arquétipos, que não podem, em princípio, ser conscientes, embora mudanças na consciência possam assinalar a existência deles. Mesmo no campo da consciência, alguns conteúdos estão em foco, enquanto outros, embora indispensáveis à manutenção da percepção focal, não estão.[4]

Há três maneiras possíveis de ver o sonho como atividade compensatória, todas elas importantes para a compreensão utilizada pelo clínico. Em primeiro lugar, o sonho pode compensar distorções temporárias na estrutura do ego, levando o indivíduo a um entendimento mais abrangente das atitudes e ações. Por exemplo, alguém que está furioso com um amigo, mas descobre que a fúria se dissipa com rapidez, poderá sonhar que investe furiosamente contra esse amigo. O sonho recordado coloca em atenção uma quantidade de fúria reprimida, talvez por razões neuróticas. Também pode ser importante para o indivíduo que sonha perceber que complexo foi constelado (ativado) na situação.

Um segundo e mais profundo modo de compensação é aquele em que o sonho, como autorrepresentação da psique, pode colocar em funcionamento uma estrutura do ego face a face à necessidade de uma adaptação mais rigorosa ao processo de individuação. Isso ocorre, em geral, quando o indivíduo se desvia do caminho pessoalmente correto e verdadeiro. A meta da individuação nunca é apenas um ajustamento às condições existentes; por mais adequado que esse ajustamento pareça, uma tarefa adicional está sempre à espera (em última instância, a tarefa de enfrentar a morte como evento individual). Um exemplo desse segundo tipo de compensação é o sonho de uma pessoa muito bem adaptada socialmente nas áreas comunitária, familiar e de trabalho. Ela sonhou que uma voz impressionante dizia: "Não estás levando tua verdadeira vida!". A força dessa declaração, que a despertou em sobressalto, durou muitos anos e influenciou um movimento em direção a horizontes que não estavam claros à época do sonho.

Essas duas formas de compensação – o sonho como "mensagem" para o ego e como autorrepresentação da psique – contêm a ideia junguiana clássica da função compensatória dos sonhos, substancialmente diferente da tradicional concepção freudiana, que vê os sonhos como descarga de tensão psíquica mediante a realização de desejos ou como protetores do sono.

Tornou-se cada vez mais claro para mim, entretanto, que existe um terceiro processo mais misterioso e sutil, pelo qual os sonhos são compensatórios. O núcleo arquetípico do ego constitui a base duradoura do "eu", mas pode ser identificado com muitas *personas* ou identidades do ego. O sonho pode ser visto como tentativa de alterar diretamente a estrutura de complexos sobre os quais o ego arquetípico se apoia para a identidade em níveis mais conscientes. Por exemplo, muitos sonhos parecem desafiar o ego onírico com várias tarefas, cuja realização poderá alterar a estrutura do ego vígil, uma vez que a identidade do ego onírico é, com mais frequência, uma identidade parcial do ego vígil. Na estrutura do sonho, os eventos são vivenciados pelo ego onírico como interações com situações "exteriores"; mas os eventos exteriores podem refletir diretamente complexos envolvidos na estrutura e no funcionamento cotidiano do ego vígil. As mudanças nas relações com essas situações oníricas podem ser vivenciadas pelo ego vígil como mudança na própria atitude ou no estado de ânimo. Marie-Louise von Franz dá um exemplo particularmente claro desse tipo de compensação com um de seus próprios sonhos. Após um dia em que alimentou a sensação de proximidade da morte, ela sonhou que um jovem romântico – figura de *animus* – havia morrido.[5]

No curso usual da análise junguiana, os sonhos são frequentemente utilizados como ponto de referência para a interação no processo analítico. Analista e analisando são aliados na tentativa de compreender a "mensagem" do sonho em relação ao ego do analisando. Por vezes, os sonhos indicam que a atenção deve ser dirigida à transferência-contratransferência, constelação típica de interação na situação analítica. Como não existe posição privilegiada da qual se possa conhecer a "verdade" da psique de outra pessoa, analista e analisando estão empenhados num empreendimento exploratório que envolve uma confiança básica entre eles. Se um sonho se concentra nessa relação, esta deverá ser examinada analiticamente.

Na interpretação dos sonhos, é importante não pensar nunca que o sonho se esgotou. Na melhor das hipóteses, podemos encontrar um significado útil e corrente para ele, e até mesmo esse significado pode ser alterado à luz dos sonhos subsequentes, pois uma interpretação de sonhos envolve diálogo contínuo entre o ego e o inconsciente, diálogo que se estende indefinidamente e cujo tema pode mudar tanto de foco quanto de nível de referência.

Mesmo quando os sonhos não são interpretados, parecem, às vezes, ter profundo efeito sobre a consciência vígil. Através da observação do impacto de sonhos não analisados é possível inferir que, mesmo quando não recordados, os sonhos são parte vital da vida total da psique.[6] Na concepção junguiana, os sonhos estão continuamente funcionando para compensar e complementar (forma mais branda de compensação) a visão vígil que o ego tem da realidade. A interpretação de um sonho permite que se preste um pouco de atenção consciente na direção em que o processo de individuação já está se desenrolando, embora inconscientemente. Quando bem-sucedida, tal associação de vontade consciente e dinamismo inconsciente promove e favorece o processo de individuação com mais rapidez do que é possível quando os sonhos ficam por examinar.

Um benefício adicional decorrente da interpretação dos sonhos é o fato de o ego reter na memória consciente um resíduo do sonho que permite à pessoa identificar motivos semelhantes na vida cotidiana e assumir atitude ou ação apropriadas, resultando em menor necessidade de compensação inconsciente dessa área problemática específica.

USOS NÃO INTERPRETATIVOS
DOS SONHOS

As personificações em sonhos, incluindo imagens de cenas e objetos inanimados, refletem a estrutura de complexos psicológicos no inconsciente pessoal, que se assentam todos em núcleos arquetípicos na psique objetiva e estão submetidos à força centralizadora e individuante do Si-mesmo ou arquétipo central. Esses complexos objetivados e simbolicamente representados em sonho (incluindo a constelação particular do ego onírico) refletem a atividade autônoma do Si-mesmo em relação ao ego (tanto o vígil quanto o onírico). Por conseguinte, é possível discernir, mesmo tenuemente, o que o Si-mesmo está fazendo com os complexos que englobam o ego e outros conteúdos da psique. Tais observações podem ser usadas de modo não interpretativo, o que, de fato, é seu uso mais habitual em terapias não junguianas.

Os motivos de um sonho podem se referir ao presente ou ao passado e indicar pessoas reais, vivas ou mortas, ou figuras totalmente desconhecidas na vida vígil. As pessoas não conhecidas na vida vígil provavelmente constituem partes personificadas da própria psique do indivíduo que com elas sonhou. Pela cuidadosa atenção a esses detalhes, é possível inferir que partes da psique e partes da experiência passada do ego estão consteladas na mente, por ocasião do sonho. A atenção psicoterapêutica a essas áreas, mesmo sem interpretação formal do sonho, pode conduzir o processo terapêutico na mesma direção do fluxo natural de individuação.

Quando os complexos são representados, como nas técnicas gestálticas, a energia psíquica adicional se focaliza neles, e o resultado mais provável é um recrudescimento da percepção consciente. Entretanto, essas representações não são iguais ao uso do sonho na interpretação junguiana, dado que o foco nelas incide sobre o complexo constelado, e não sobre o uso desse complexo na estrutura total do sonho.

Quando o clínico adquiriu proficiência no uso da interpretação dos sonhos, estes podem servir como fator adicional na avaliação diagnóstica e prognóstica, assim como sutil indicador quanto à oportunidade de instituir ou alterar medicação, considerar a hospitalização e variar a frequência das sessões psicoterapêuticas. Um jovem esquizofrênico seriamente doente, por exemplo, sonhou com frequência que seu automóvel começava a se movimentar rodando para trás, desgovernado e sem possibilidade de controle; esses sonhos ocorreram justamente antes de o paciente desenvolver uma exacerbação de seus sintomas psicóticos, o que exigiu aumento de medicação. Em inúmeros casos, o inverso parecia verdadeiro: ele sonhava com êxitos marcados ou com o total domínio da situação (como derrotar facilmente o mitológico Minotauro) quando iniciava uma fase de melhora. Certa vez, sonhou que um acrobata possuía todas as peças de uma bomba atômica, exceto a que o ego onírico guardava. Na época, isso parecia representar uma "explosão" evitada de seu processo psicótico, paralelamente a seus esforços reparadores conscientes. (Muitos anos depois, e após vários terapeutas, esse jovem cometeu suicídio; seus últimos sonhos não chegaram ao meu conhecimento.)

Os sonhos podem ser considerados referência ao material examinado na hora analítica em que foram relatados, ou na sessão de terapia de grupo em que foram mencionados, ou à situação específica da vida do indivíduo que teve o sonho, na época em que o teve. Relacionar cuidadosamente as imagens oníricas ao contexto do ego vígil ao tempo do sonho minimiza o mais sério erro no uso clínico dos sonhos: o terapeuta projetar no sonho seus próprios pensamentos sobre o paciente, em vez de utilizar o sonho como mensagem corretiva, oriunda do inconsciente do paciente.

INTERPRETAÇÃO DOS SONHOS E TÉCNICAS IMAGINATIVAS

A psicoterapia moderna faz uso de inúmeras técnicas imaginativas além da interpretação dos sonhos. Essas técnicas são representações planejadas para utilizar a imaginação humana, frequentemente conceituada como atividade aumentada do hemisfério direito do cérebro, a fim de modificar suposições e identidades inadequadas, subjacentes à infelicidade neurótica. Referi-me a essas técnicas imaginativas como *representações*, na acepção teatral da palavra (*enactments*), para diferenciá-las da *passagem* a atos (*acting-out*), que é a estruturação inconsciente (e, de modo geral, indesejável) da experiência, de acordo com conflitos não reconhecidos, inconscientes.[7]

A interpretação dos sonhos e as técnicas imaginativas parecem influenciar o padrão de complexos na mente, tal como ocorre com as experiências emocionais na vida cotidiana e em psicoterapia. O trabalho com sonhos é, talvez, a abordagem mais direta e natural para alterar complexos, enquanto a segunda mais direta é o método de imaginação ativa de Jung, no qual o conteúdo inconsciente é encorajado a "vir à tona", ao mesmo tempo em que o ego mantém seu papel vígil de mediador da pressão conflitante dos opostos constelados na psique.

Outras técnicas imaginativas incluem produção de imagens hipnoanalíticas, pintura e modelagem de imagens oriundas do inconsciente, uso da areia para construir cenas com pequenas figuras num tabuleiro, psicodrama, imaginação guiada e práticas de meditação em que o livre fluxo das imagens mentais é permitido. O material resultante assemelha-se tanto ao que se manifesta em sonhos que a compreensão do uso clínico dos sonhos deve constituir disciplina fundamental para a utilização de todas as demais técnicas imaginativas em psicoterapia.

IDENTIDADE DO EGO E A ESTRUTURA DOS COMPLEXOS

A maior parte do uso clínico dos sonhos tem a finalidade de auxiliar o indivíduo que sonha a ver com clareza as várias formas da estrutura de sua própria personalidade, via de regra inconscientes e que apenas são transferidas a atos no mundo, causando, com frequência, a infelicidade neurótica, que motiva uma pessoa a buscar ajuda profissional. Esse trabalho do terapeuta é semelhante à atividade natural e espontânea dos sonhos, pois eles já estão tentando conduzir a pessoa para fora da neurose e encaminhá-la para o processo de individuação. Os sonhos não são sonhados para serem analisados e compreendidos, mas uma compreensão deles nos diz onde o inconsciente já está tentando alterar a imagem do ego na direção da saúde e da individuação.

Entretanto, saúde e individuação nem sempre estão alinhadas; o que é "saudável" para uma imagem do ego dominante, num determinado estágio da vida, pode ser decididamente "não saudável" para uma imagem nascente do ego, no estágio *seguinte* da vida. Psicologicamente, tal como em outras áreas da vida, o bom é inimigo do melhor. A individuação é um conceito mais amplo e mais complexo que "saúde"; é um processo dinâmico que envolve mudança constante e finalmente leva à aceitação da finitude da vida e da inevitabilidade da morte.

As mudanças no estado de ânimo podem ser vistas como alterações na estrutura dos complexos subjacentes à imagem do ego. Em certo grau, o ego é capaz de realizar essas alterações, como quando nos lembramos de prioridades pessoais numa situação de ambivalência. Possivelmente, isso não será mais sério que se lembrar da intenção de perder peso, quando diante de um cardápio de sobremesas atraentes. Ao lidar com questões mais importantes, que requerem níveis mais profundos de mudança de identidade, as alterações necessárias não se situam na esfera da escolha consciente do ego. Nesse nível, o ego deve simplesmente fazer o que pode e depois aguardar a ação da função transcendente, capacidade de produção de símbolos da psique, apta a alterar o conflito dos opostos através da criação de uma solução simbólica que relativiza ambos os opostos conflitantes num quadro mais amplo de referência significativa.

O trabalho clínico com sonhos envolve ajudar o ego a fazer o que estiver ao seu alcance. Embora as necessárias transformações subjacentes possam, por vezes, ser observadas em imagens oníricas, não é possível lhes ordenar que aflorem à vontade do paciente ou do analista. A resposta ao insistente (e compreensível) apelo do paciente para que lhe seja dito "o que *fazer*" é fazer o que puder, acompanhando, o mais estreitamente possível, as formas em que o conflito se apresenta, causando todo impacto que puder sobre a situação, e depois esperar, vigiar e confiar. O apoio a esse processo constitui importante ingrediente na transformação da psique. A situação analítica (e o analista) pode ser o único *temenos* de que o paciente dispõe, um lugar seguro durante o inquietante movimento de uma antiga imagem do ego para uma nascente e mais abrangente.

O ponto crucial a recordar é que a própria imagem do ego pode ser alterada, dependendo do complexo (ou da combinação de complexos) que o ego utilizada para uma identidade dominante. Isso é muito fácil de ser visto em projeções da sombra, quando o ego se sente "justificado" em não gostar de alguém (em geral, do mesmo sexo dele) que consubstancia qualidades (para todos, menos para quem faz a projeção) presentes na imagem do ego do paciente. Se essa projeção da sombra é, de fato, parte integrante da própria estrutura de caráter da pessoa, os sonhos mostram, frequentemente, o ego onírico envolvido nessa atividade ou na atitude da sombra.

Se a sombra não é projetada, mas transferida a atos pelo ego, poderá ocorrer um curioso tipo de sonho, quando a sombra está sendo integrada ou dissociada da imagem do ego dominante. Alcoólatras que se tornaram abstêmios, por exemplo, não raras vezes sonham com bebidas alcoólicas pouco depois de terem parado de beber na vida cotidiana. O mesmo tipo de sonho pode ser observado em fumantes que abandonaram o cigarro. Tais sonhos, simples em estrutura, sugerem que o padrão de identidade do ego, no qual a atividade da sombra estava implantada, ainda persiste, embora o ego já não se identifique com ele. (Ver esses sonhos, de maneira simplista, como realização de desejo, corre o risco de atolar o ego em atitudes e padrões de comportamento passados, em vez de encorajar seu movimento no sentido de afastá-lo deles.)

Sonhos mais complexos ilustram o mesmo princípio. Um homem de meia-idade que, a certa altura da vida, desejava ser ministro protestante, mas depois fora muito bem-sucedido numa carreira de todo diversa, levava uma vida sexual excessivamente ativa, de qualidade contrafóbica. Embora separado da esposa (com quem ainda tinha relações sexuais), mantinha um encontro semanal regular com uma jovem casada e, em outros momentos livres, ia a um bar local para contatos sexuais casuais com várias outras mulheres. Durante sua febril atividade sexual, seus sonhos lhe mostraram indo à igreja e recebendo a comunhão! Sua sombra continha o que previamente fora um valor positivo – seu compromisso e interesse religiosos –, que fora dissociado, talvez por causa de uma divisão fundamental e extrema entre sexualidade e religiosidade.

Esse exemplo serve também para enfatizar que, em si mesma, a sombra não é positiva nem negativa; é simplesmente uma imagem do *alter ego*, que personifica os conteúdos não atribuídos à personalidade consciente. A sombra pode parecer negativa do ponto de vista da imagem do ego dominante, por causa da dissociação e da parcial repressão do ego, mas seu *conteúdo* real pode ser positivo ou negativo, dependendo do estado da presente imagem do ego.

Uma estrutura complexa ligada à identidade do ego é frequentemente bipolar ou até mais complexa. Um complexo bipolar relativamente simples tem dois padrões (ou complexos) de identidade dispostos de modo particular. Um polo é, muitas vezes, atribuído ao ego como padrão de identidade, ao passo que o polo coordenado oposto ou é reprimido na sombra (com manifestações ocasionais), ou é projetado numa pessoa do meio circundante, via de regra um membro chegado da família, o que determinará um padrão não pessoal de relacionamento entre o ego e a pessoa em quem o padrão oposto é projetado. Isso constitui, em essência, uma estrutura de relação impessoal que interfere na individuação da pessoa que inconscientemente realiza a projeção e, ao mesmo tempo, inibe o estabelecimento de uma relação pessoal estável com aquela sobre quem a projeção recai.

Outro exemplo de estrutura bipolar é o padrão de dominação/submissão, onde um polo da relação é considerado dominante, e o outro, submisso. Nas relações impessoais baseadas nesse padrão, a maioria das interações entre as duas pessoas acontece da seguinte forma: uma será submissa; a outra, dominante. Mas há, com frequência, provas sintomáticas da inversão do padrão. Por exemplo, um homem de negócios bem-sucedido, que cuidou de tudo à sua volta durante décadas, aposentou-se e descobriu que tinha um medo irracional de uma doença súbita, em relação à qual se sentiria impotente e dependente. O exame revelou que o medo da morte não era o principal componente. O que, na realidade, ele temia era a experiência da identidade oposta (dependente e submissa), evitada desde muito cedo através do trabalho compulsivo e do cuidado com os outros.

Dinâmica semelhante está subentendida na situação incomum em que um piloto de avião comercial ou comissário de bordo receia voar *como passageiro*. No caso do comissário de bordo, não está em questão ter o "controle" do avião quando está trabalhando, mas o significado simbólico de controle está claramente presente. Há casos ainda mais frequentes de pessoas que temem viajar de automóvel como passageiros, embora se sintam perfeitamente à vontade quando elas próprias o conduzem. Conheço pelo menos um caso inverso: uma mulher extremamente dominadora e controladora, a ponto de ser arrogante, que não é capaz de reunir coragem para guiar um carro e deve ser conduzida por um motorista, mesmo para pequenas saídas de compras.

É possível visualizar, ainda que de maneira aproximada, o movimento do ego através dos vários padrões de identidade, descrevendo os complexos no inconsciente pessoal como dispostos numa "rede" irregular, com certos grupos de complexos que se aglomeram em padrões, embora cada grupo esteja em contato com todos os outros complexos componentes da rede. Se o núcleo arquetípico do ego, baseado no Si-mesmo, for visualizado como um raio de luz, os complexos iluminados pela "luz" serão a identidade corrente do ego. A área iluminada sempre deixa no escuro parte da rede. Essa parte não iluminada abrange vários padrões estruturais não identificados com o ego: a sombra, a *anima* etc. Se a "luz" do ego for deslocada, mudará não só o "conteúdo" do ego, mas também o padrão das relações associadas a esse conteúdo. Na consciência comum, uma pessoa ignora que a "luz" do ego é móvel, considerando apenas que a área iluminada "é" o ego.

Essa imagem metafórica da rede e da luz requer maior desenvolvimento, pois a rede não é uma estrutura fixa. De fato, quando o ego "ilumina" uma área, está apto a introduzir alterações na rede de complexos nessa área. Como os complexos estão todos num campo interligado, qualquer alteração em um deles afetará a estrutura dos demais, em maior ou menor grau. O ego não só vivencia passivamente a "rede" como participa, de forma ativa, da criação (ou dissolução) da estrutura dos complexos "iluminados".

A situação torna-se ainda mais complicada e misteriosa quando nos apercebemos de que o ego não é a única força capaz de influenciar a estrutura dos complexos. Os complexos também podem ser alterados pela atividade do Si-mesmo, tanto direta (como na constelação de determinado contexto onírico) quanto indiretamente, quando o Si-mesmo guia o ego para enfrentar certos conflitos ou fases de crescimento que ele tentou evitar. Portanto, ego e Si-mesmo influenciam, ambos, a estrutura dos complexos, em que o ego se apoia para adquirir o próprio senso de identidade. Também é importante lembrar que o ego se baseia no arquétipo do Si-mesmo e, assim, em certo sentido, é o intermediário ou agente do Si-mesmo no mundo da consciência.

Compreender o processo cambiante das estruturas de identidade é extremamente útil no uso clínico dos sonhos. As questões mais teóricas e profundas que os sonhos envolvem não têm de ser entendidas para que se realize um bom trabalho clínico com a interpretação dos sonhos. Essas questões mais amplas incluem, primordialmente, questões epistemológicas acerca da natureza do conhecimento, questões religiosas sobre a natureza do conhecedor em relação ao mistério envolvente da existência e a faixa intermediária de estruturas de implementação (motivos arquetípicos) refletidas em mitos, contos de fadas e folclore. Esses últimos constituem um campo fértil para o estudo puro do simbolismo arquetípico, mas devem ser usados com cautela na interpretação de qualquer situação clínica particular, pois a complexidade de uma pessoa é maior que a de qualquer mito.

Capítulo 3

A ABORDAGEM JUNGUIANA DOS SONHOS

Há três etapas principais na abordagem junguiana da interpretação dos sonhos:

1) uma compreensão clara dos detalhes exatos do sonho;
2) a reunião de associações e ampliações em ordem progressiva, em um ou mais de três níveis: pessoal, cultural, arquetípico; e
3) a colocação do sonho ampliado no contexto da situação vital e do processo de individuação da pessoa que teve o sonho.

Como já assinalamos, existem muitos usos não interpretativos dos sonhos – como as representações gestálticas dos vários motivos oníricos – que podem levar a uma compreensão dos complexos simbolizados no sonho, mas não esclarecem, necessariamente, o significado do próprio sonho, que deverá sempre ser visto contra o pano de fundo da vida da pessoa que o sonhou.

Um claro entendimento dos exatos detalhes do sonho recordado é essencial para minimizar os perigos de reducionismo. Se um analisando meramente informa "Sonhei com trabalho", ficamos sem saber se o sonho, na realidade, se ocupou da situação de um trabalho cotidiano ou se, talvez, está usando eventos cotidianos para simbolizar processos mais intrapsíquicos. "Sonhei com trabalho" é como dizer que a tragédia *Hamlet* trata das "relações de família". Sem atenção acurada às relações internas das imagens do sonho (sobretudo numa série de sonhos), o analista estará correndo o perigo de projetar sua própria teoria no material do paciente. Se o analista acredita que as relações interpessoais são de primordial importância, é muitíssimo fácil "ver" figuras oníricas como referentes a pessoas no mundo exterior. Analogamente, a excessiva ênfase sobre a relação de transferência-contratransferência (distorções do relacionamento analista-paciente baseadas na dinâmica inconsciente de ambos) pode fazer com que inúmeros sonhos sejam interpretados em termos da situação analítica. Uma forma de reducionismo a que os junguianos estão especialmente expostos é o que poderemos chamar de *reducionismo arquetípico*. Uma vez que todos os complexos são construídos a partir de um núcleo arquetípico, é *sempre* possível superampliar um motivo onírico no sentido de um significado arquetípico, com o concomitante perigo de serem substituídas pelas (frequentemente fascinantes) ampliações arquetípicas as tensões do processo de individuação na própria vida da pessoa que tem o sonho.

As perguntas necessárias à plena elucidação de um sonho são semelhantes às utilizadas para esclarecer qualquer situação no discurso ordinário ou numa anamnese bem-feita. Se um paciente fala ao médico de uma dor, por exemplo, há muitos detalhes adicionais a esclarecer: a dor é constante ou intermitente? Se é intermitente, qual é a frequência da repetição? É uma dor aguda ou imprecisa? Ocorre em lugar determinado ou em vários? Se em vários, parece começar num ponto e irradiar-se para outros? O que aumenta a dor? O que a alivia? Interrompe o sono do paciente?, e assim por diante.

Suponhamos que o analisando descreva a imagem de uma tartaruga num sonho. Qual é o tamanho da tartaruga? Sua cor? Está quieta, adormecida ou ativa? Existem muitas características incomuns? Eu mesmo tenho tido sonhos com tartarugas de cinquenta metros de diâmetro ou outras tão pequenas que não excedem a alguns centímetros. Mas a pequena tartaruga era capaz de pular um metro no ar e de engolir um bom pedaço de rosbife, de uma só vez! Uma tartaruga *não* é apenas uma tartaruga!

AMPLIAÇÃO DE IMAGENS

A ampliação de uma imagem onírica é análoga ao processo de "descascar" as três camadas de um complexo. Em primeiro lugar, encontramos as associações pessoais – onde apareceu a imagem na vida do paciente, o que ele pensa dela, o que sente a seu respeito etc. Essas associações revelam a natureza do complexo quando de seu desenvolvimento em torno do núcleo arquetípico. Uma pessoa conhecida do paciente poderá aparecer no sonho, por exemplo, suscitando a pergunta: A imagem do sonho deve ser aceita *objetivamente* (referindo-se à pessoa real no mundo exterior) ou *subjetivamente* (usando a outra pessoa para personificar uma parte da própria psique do paciente)? Na prática, pessoas, lugares ou eventos conhecidos têm grandes probabilidades de conter um significado objetivo, mas também podem se referir a realidades intrapsíquicas do indivíduo que tem o sonho, especialmente quando acompanhadas de pronunciado tom emocional. Embora seja aconselhável ter sempre ambas as possibilidades em mente, no trabalho clínico com o sonho, com base em um ponto de vista junguiano, a ênfase recai, em geral, sobre o significado intrapsíquico das imagens oníricas.

A "camada intermédia" de um complexo contém imagens mais culturais e transpessoais, como a convenção da luz vermelha do semáforo para significar *Pare*; do branco como a cor nupcial; do Presidente representando o centro governante de um país etc. As ampliações culturais são, com frequência, conscientemente conhecidas da pessoa que sonha, mas podem não ser mencionadas de forma espontânea. Se a pessoa que sonha manifesta concordância quando uma possível ampliação cultural é oferecida pelo analista, podemos considerá-la, com segurança, parte potencial do complexo subentendido na imagem onírica.

O terceiro nível de ampliação, o arquetípico, é um aditamento caracteristicamente junguiano ao campo geral da interpretação dos sonhos. Os arquétipos, em si mesmos, não são visíveis, sendo apenas tendências para estruturar a experiência de determinadas maneiras. Qualquer imagem estruturada por um arquétipo converte-se numa imagem desse arquétipo (embora transmitindo sempre menos que a potencialidade total do arquétipo). As imagens arquetípicas em sonhos não são, via de regra, reconhecidas, porque o analista poderá ignorar a significação mitológica ou arquetípica de certo motivo e porque, já que qualquer experiência humana que se repete com assiduidade pode ser arquetípica, muitos elementos arquetípicos são corriqueiros demais para atrair a atenção. As imagens arquetípicas são aquelas que provaram ser suficientemente significativas a um grande número de pessoas, durante longo período de tempo, de modo a se tornarem parte aceita de algum vasto sistema simbólico – frequentemente descrito num conto tradicional, conto de fadas, mitologema ou sistema religioso, vivo ou arcaico. Portanto, as psiques de muitas pessoas "filtraram" uma imagem arquetípica.

Em minha opinião, não é necessário interpretar no nível arquetípico para realizar, geralmente, uma boa interpretação dos sonhos num contexto clínico. Entretanto, ocorrem com frequência casos em que uma interpretação arquetípica é muito mais significativa que outra num nível mais pessoal. A compreensão das imagens arquetípicas desconhecidas da mente consciente da pessoa que tem o sonho poderá abrir uma importante janela teórica para a natureza mais profunda da psique e fornecer uma perspectiva saudável para nossos dramas pessoais cotidianos.

CONTEXTO DO SONHO

O sonho deve ser interpretado no contexto da vida corrente da pessoa que o tem. Achava Jung que, na maioria dos casos, os sonhos eram compensatórios para a visão consciente do ego, oferecendo um contraponto (com frequência, um ponto de vista mais abrangente) para a atitude da identidade do ego dominante. O ego tem sempre uma visão limitada da realidade, ao passo que o sonho manifesta uma tendência à ampliação do ego (embora a ampliação final possa requerer, temporariamente, uma percepção mais restrita ou concentrada). Situar o sonho no contexto da vida da pessoa que o tem não favorece qualquer leitura fácil do sonho como pista para a ação futura. Do mesmo modo, aceitar o sonho como confirmação da atual posição consciente da pessoa é demasiado fácil, na maioria dos casos, para fornecer a informação compensatória que o sonho contém. Regra geral, se já sabemos o que o sonho parece estar dizendo, então deixamos escapar seu significado.

Quando a interpretação dos sonhos constitui parte rotineira da psicoterapia, um contexto também se desenvolve numa série de sonhos, de modo que podemos relacionar a imagem de um sonho atual com uma semelhante de sonhos passados. As imagens afins, mas diferentes, podem ser consideradas visões distintas do mesmo complexo, fornecendo, frequentemente, pistas adicionais para o significado subjacente.

Existem outras máximas da interpretação de sonhos, mas os três movimentos básicos descritos constituem a essência. Nosso exame subsequente de exemplos específicos de sonhos e a experiência do próprio terapeuta contribuirão para ampliar a compreensão de como esses princípios são aplicados na prática. Alguns sonhos se ajustam facilmente numa estrutura dramática clássica: situação, complicação, clímax e desfecho. Nesses sonhos, muitas vezes é possível descobrir conexões inesperadas entre uma cena e outra, de modo que o que se segue é, num certo sentido, "causado" pela ação do ego onírico na cena precedente. É especialmente importante observar a atividade (ou a ausência dela) do ego onírico, sugerindo, amiúde, paralelos imediatos com a vida vígil. Em geral, a atividade onírica, que ocorre sem a participação do ego onírico (ou com ele como observador, passivo), tende a estar também "de fora" – isto é, inconsciente – na vida vígil da pessoa que sonha. Outras máximas serão discutidas nos capítulos seguintes.

Capítulo 4

OS SONHOS COMO INSTRUMENTOS DE DIAGNÓSTICO

SONHOS INICIAIS EM ANÁLISE

No encontro inicial com um provável analisando, os sonhos podem oferecer informações tanto para o diagnóstico quanto para o prognóstico. Embora a interpretação dos sonhos nunca possa substituir uma entrevista clínica detalhada e um exame das condições mentais, os sonhos podem ser de grande ajuda se forem integrados de forma adequada ao restante do material clínico.

O interrogatório acerca dos sonhos recentes ou significativos enquadra-se naturalmente numa entrevista inicial, quando são formuladas perguntas que permitem observações sobre o funcionamento intelectual do paciente: fluxo de pensamento; capacidade de sintetização;

orientação quanto ao tempo, ao lugar e à situação; memória recente e remota; capacidade de julgamento em situações reais e hipotéticas; nível, congruência e tipo de reação afetiva ou emocional; aspectos opcionais, mas interessantes, do funcionamento mental, como os revelados pela interpretação de provérbios. Os novos pacientes mostram-se amiúde satisfeitos quando indagados a respeito de seus sonhos, dado que, na opinião popular, a interpretação dos sonhos é vista como parte natural da prática psicanalítica (*psicanálise* na acepção geral, não simplesmente a freudiana). De fato, o público está, em geral, muito interessado no significado dos sonhos, e até vários psicólogos experientes estão despreparados para corresponder a esse interesse.

Sonhos recentes, sobretudo os ocorridos após a sessão inicial ter sido marcada, mas antes de ter acontecido, podem revelar aspectos do atual funcionamento inconsciente do paciente. Os sonhos que ocorrem no início da análise apontam, por vezes, para o resultado a longo prazo do problema que se apresenta. Um homem com extensa prática de "travestismo", por exemplo, sonhou, no começo da análise, que estava vestido de mulher, cruzando o estacionamento de um hotel, quando as roupas começaram a se soltar pelo caminho, sem que isso lhe causasse alarme. Esse fato prenunciou um bem-sucedido tratamento do travestismo (que não tinha elementos de homossexualidade), num período comparativamente curto de terapia (embora, é claro, houvesse períodos de crise e dificuldades durante o tratamento).

Outro homem com problemas de identidade sexual teve dois sonhos iniciais que indicaram a resolução final de sua ansiedade. Ele agia homossexual e bissexualmente, mas preferia ser exclusivamente heterossexual. Sua atividade homossexual e sua ansiedade e seu escasso amor-próprio pareciam estar claramente relacionados a problemas edipianos; em termos mais psicodinâmicos, ele estava à procura de um relacionamento masculino, a fim de compensar o que sentia ser um pai emocionalmente ausente. Seus dois sonhos iniciais mostraram que o inconsciente estava preparado para ver o problema encaminhado para uma solução feliz;

Sonho 1

Eu estava numa gruta, ou "esconderijo sexual", sórdido, repelente.

Terminei o drinque de alguém de maneira ritualista. A cena muda, e estou numa árvore enorme, com vários ramos. Não posso descer. Há outras pessoas em volta, e um rádio está tocando. Dou-me finalmente conta de que ninguém me ajudará a descer e que devo saltar. No entanto, gritei por ajuda, e dois homens vieram e colocaram a prancha de uma ponte, encostando-a ao galho onde eu estava pendurado.

Sonho 2 (*duas noites depois*)

Eu estava com um homem num prédio de Honolulu. Descemos ao porão, onde havia um banho turco, e ficamos ali chapinhando em piscinas diferentes. Depois, sentamo-nos em cadeiras com cintos de segurança, como nas montanhas-russas da Disneylândia. Ele sabia como colocar o cinto, mas eu não havia lido as instruções. No entanto, consegui colocá-lo ao final da corrida. As cadeiras entravam e saíam da água durante a corrida.

Em ambos os sonhos iniciais, podemos discernir o motivo de chegar com segurança ao chão (Sonho 1) ou ao final da corrida (Sonho 2) sem acidentes sérios, mas com alguma tensão e ansiedade. No primeiro sonho, a ajuda só se materializa quando o ego onírico aceita a responsabilidade e decide saltar, se necessário. No segundo, o paciente não é tão perfeito quanto o amigo, mas, de qualquer modo, consegue terminar a corrida são e salvo. Ambos os sonhos sugerem um "bom" desfecho, em termos da consolidação da identidade masculina. Algumas semanas depois, ele iniciava um caso satisfatório com uma mulher, com a diminuição dos contatos e pensamentos homossexuais; simultaneamente, começou a se sentir apto a expressar uma posição mais independente em relação aos pais.

Esses dois sonhos são aqui apresentados apenas pelas implicações prognósticas, embora também existam claramente muitas outras descrições úteis de ambos. Estar "no alto de uma árvore", por exemplo, sugere uma situação difícil, refletindo rituais de iniciação xamanísticos, por vezes descritos se desenrolando numa árvore; e, no nível arquetípico, aponta para o tema da árvore do mundo ou *axis mundi* – símbolo frequente do processo de centralização da psique individual.

IMAGENS RELACIONADAS NUMA SÉRIE ONÍRICA

O progresso na dissolução de um padrão neurótico pode ser frequentemente acompanhado em sonhos que se estendem por um período de tratamento de meses ou até anos. Uma mulher com acentuados distúrbios no início da vida familiar mostrou essas mudanças. Quando criança, ela fora a principal fonte de apoio emocional a um pai alcoólatra. Se não tentasse cuidar dele, se sentiria culpada. Sua mãe era uma profissional liberal eficiente, que alimentava "altos" padrões de realização para a menina, mas lhe dava escassa aprovação emocional. Quando recorreu à psicoterapia por problemas no casamento, essa paciente optou pelo divórcio, mas depois teve relação sexual com o antigo terapeuta, com quem se casou mais tarde, para acabar experimentando uma recorrência da insensibilidade sexual que sentira no primeiro casamento. As tentativas de relações sexuais deixavam-na furiosa, com frequência. Recorreu, então, ao tratamento junguiano. Em psicoterapia de grupo e análise individual, ela se mostrou solícita e intelectualmente arguta, embora persistentes problemas psicossomáticos (sempre relacionados a fatores emocionais) exigissem várias hospitalizações.

Um incidente muito revelador aconteceu numa das primeiras sessões de terapia de grupo: como de hábito, ela estava sendo muito solícita e perspicaz em suas intervenções (tal como na relação com o pai), mas, quando um membro do sexo masculino do grupo se recusou a ajudá-la, ela explodiu num súbito acesso de cólera, revelando, pela primeira vez, sua ira subjacente (relacionada à depressão). Por essa época, ela sonhou:

> Uma cadela com dois filhotes crescidos pendentes de suas tetas está se arrastando rua abaixo. Um dos filhotes desprende-se e é atropelado por um carro. Ele explode como uma bomba.

A impressionante imagem de um cachorrinho explodindo tornou-se símbolo para seu problema de dependência e para a cólera inconsciente que lhe estava associada. Muitas situações da vida vígil puderam ser relacionadas à sua identificação inconsciente, ou à pessoa desgastada por ter de cuidar de outros (a mãe autossacrificada), ou à ira explosiva que se desenvolveu em virtude da própria dependência (o cachorrinho explosivo) – em ambos os casos, porque as necessidades de dependência nunca foram plenamente satisfeitas e a impediam de realizar a própria maturidade e independência adulta.

Após o segundo divórcio, ela continuou em análise, mas, por algum tempo, evitou qualquer relacionamento pessoal com homens. Durante esse período, sonhou:

> Eu estava numa câmara egípcia, como numa pirâmide. Numa área elevada, um altar ou catafalco, uma princesa egípcia estava em trabalho de parto, prestes a dar à luz um filho. Na base desse altar, eu estava sendo violada por [uma figura paterna], que me sujeitava numa posição sempre que eu tentava escapar. Eu ansiava para que a mulher desse à luz, na esperança de que o marido da princesa surgisse, visse o estupro e me salvasse.

Esse sonho deixava claro que o complexo paterno estava muito mais ativo em sua psicologia que a relação conflitante com a mãe. Mostrou também a possibilidade de nova vida (o nascimento incipiente), sugerindo uma oportunidade não iniciada pelo ego, mas que poderia redundar no resgate da paciente do padrão inconsciente simbolizado no sonho pelo incesto com o pai.

Significativamente, pouco depois desse sonho, a mulher teve relações sexuais com o homem cuja esposa aparecera no sonho como a princesa egípcia – uma projeção bastante óbvia do salvador interno da paciente num homem real. Após um breve período de felicidade, esse relacionamento terminou, e ela ficou seriamente deprimida, o que sabia não estar relacionado por completo à situação triangular externa. Algum tempo depois, ela sonhou:

> Eu estava dando um presente à minha mãe, e ela reagiu como sempre fazia na realidade... não gostava nunca de qualquer coisa que eu lhe desse. *Nunca* pude agradar-lhe. Depois, percebi a razão de ela não se mostrar satisfeita: estava morta! No quarto, estava o médico de uma novela que eu costumava ver na televisão, à época do meu primeiro casamento, quando meus filhos ainda eram pequenos. Na história, era um médico muito bom e prestativo.

Embora esse sonho parecesse indicar uma nova consciência associada à "morte" do complexo materno, houve poucas mudanças imediatas em sua depressão clínica. Ela lutava com a ideia de se mudar para outra cidade, a fim de se livrar do homem que ainda perturbava seus pensamentos. Nesse momento, sonhou o que provaria ser uma indicação de um momento crucial em sua neurose. Estivera muito deprimida no dia anterior ao sonho e também sofria com problemas psicossomáticos. Na manhã seguinte ao sonho, descreveu-se como "hipomaníaca", feliz e (o mais importante) sem o desconforto psicossomático que usualmente a afligia. Eis o sonho:

> Estou num quarto com minha mãe [morta no sonho anterior e também de fato]. Estou implorando a um homem

que tenha relações sexuais comigo. Ele se mostra relutante, mas acaba por concordar, porque, diz ele: "É a última vez". A cena muda, e vejo uma poça de sangue com alguma coisa nela, que é um bebê morto ou um cachorro morto. É uma visão horrível, mas, de certo modo, está certo, porque teria morrido de qualquer maneira.

Ela ter pedido sexo ao homem mostrou o *desejo* previamente irreconhecido, oculto sob o que fora vivenciado apenas como estupro. Sua associação com o "bebê ou cachorro" foi em relação ao sonho anterior do cachorrinho que explode. A sensação de que o complexo paterno subjacente em seus problemas neuróticos estava se dissolvendo refletiu-se nas palavras do homem do sonho: "É a última vez". O desaparecimento abrupto dos difíceis sintomas psicossomáticos reforçou a interpretação do sonho como indicativo de real mudança no padrão de complexos, o padrão de relações com o objeto que parecia ser o esquema de suas duas identidades neuróticas básicas – como a pessoa que cuida de outras ou (como aqui) a que se sente dependente de outras. A presença da mãe sugere também o envolvimento do complexo materno, mas esse problema não é o foco ativo do sonho, como tampouco o era no sonho da princesa egípcia. Percebe-se que a morte do "bebê ou cachorro" está ligada à "última vez", como seria o caso se fosse um cachorro, associado ao cachorrinho explosivo que representava seu problema de dependência.

A incerteza sobre se era um bebê (o que poderia indicar a morte de possibilidades humanas reais) ou um cachorro (sugerindo o sacrifício de um instinto animal que poderia reaparecer mais tarde em forma humana) foi evidentemente resolvida por um sonho que ocorreu na noite seguinte:

> Sonhei a noite toda com duas coisas que ficaram entrando e saindo de minha consciência. Uma era uma barata morta e esborrachada, com patas em toda a volta do corpo. [Um desenho do que vira se assemelhava a um desenho infantil do disco do Sol com raios.] Ao lado da barata estava um rato morto que fora cuidadosamente embrulhado num pequeno lençol. O rato tinha grandes olhos azuis e penetrantes, quase como uma pessoa.

Sua associação com a barata era com uma das coisas mais repugnantes do mundo: "uma gigantesca barata de Houston". A mulher notou que o desenho tinha "excesso de patas". A forma da barata lembrou-lhe também um "cachorrinho de pano" que lhe era familiar na adolescência (quando ocorreu grande parte da relação tensa com o pai). Ela se recordava de ter na cama um cachorrinho de pano, com o "pelo" distribuído radialmente, como as patas da barata. Essas associações, somadas às outras imagens no sonho, sugeriam que, no sonho anterior, se tratava de um cachorro morto, não de um bebê. O raciocínio é: se a psique da paciente é afetada pelos mesmos complexos constelados em ambos os sonhos, o que se mostrou como morto num sonho deve ser mostrado como morto em outro, embora a mudança de imagens possa expressar uma nuança do complexo representado pelas diferentes imagens; como as coisas "mortas" no segundo sonho são claramente não humanas (embora o rato tenha olhos que parecem humanos), é provável que o sonho precedente mostrasse a morte de um cachorro, em vez da de um potencial humano, que seria, com mais lógica, simbolizado por um bebê morto.

Essa série de sonhos ilustra certo número de pontos importantes na interpretação clínica dos sonhos. Em primeiro lugar, a sequência de imagens oníricas relacionadas permite certo sentido de aperfeiçoamento prognóstico e alguma compreensão das imagens que, de outro modo, talvez fossem mais ambíguas. Em segundo lugar, as imagens, numa série de sonhos, são semelhantes, mas não idênticas – o "cachorro", o "bebê ou cachorro", a "barata" esborrachada e o "rato morto" –, mostrando que as diferentes imagens podem representar o mesmo complexo subjacente. (Na realidade, o rato morto, com olhos que pareciam humanos, também podia estar associado a um sonho anterior, em que o ego onírico cozinhou "um grande peixe com olhos humanos", que parecia ter conotações eucarísticas, implicando autossacrifício a serviço de outros.)

Em terceiro lugar, a mudança na natureza ou no teor dos sonhos coincide com o aumento de atividade por parte do ego onírico. Embora não invariavelmente (nem constituindo qualquer "regra" para a interpretação dos sonhos), parece que a resolução das estruturas oníricas consteladas segue-se, com frequência, a uma ação do ego onírico, mesmo que a "ação" no sonho seja apenas uma mudança de atitude e não qualquer atividade física. Por fim, em quarto lugar, essa série de sonhos ilustra como o ego onírico pode se envolver cada vez mais na estrutura do complexo neurótico descrito nos sonhos: no sonho do cachorrinho que explode, o ego onírico é apenas um observador passivo; no sonho da princesa egípcia, o ego onírico deseja atuar, mas não pode; no sonho em que implora a um homem que tenha intercurso sexual com ela, o ego onírico está finalmente ativo. Poderá ter sido essa atividade que "causou" o anúncio pelo homem de que "é a última vez", assim como a morte da barata e do rato? (Isso é simplesmente levantar a questão de causa e efeito em sonhos, para a qual não existem ainda respostas definitivas.)

A extensa série de sonhos dessa mulher (série da qual os aqui apresentados foram intuitivamente escolhidos) pode ser mais bem encarada como a representação de uma estrutura duradoura de complexos de uma forma de dominação-submissão sexualizada. Os egos onírico e vígil identificaram-se, em vários momentos, com um polo ou outro do padrão. À medida que a paciente progredia para a melhora clínica básica, a série terminou não com outra oscilação entre os polos desse padrão, mas com a "morte" do próprio padrão, o que assinalou psicologicamente a despotencialização do complexo subjacente.

DIAGNÓSTICO DIFERENCIAL

Os sonhos iniciais podem ajudar na diferenciação de vários diagnósticos, como os de neurose de ansiedade ou de neurose depressiva. Os sonhos também podem ser úteis para estabelecer distinções entre neurose, psicose e problemas caracterológicos ou orgânicos, que podem se apresentar com sintomatologia parcialmente sobreposta ou coincidente. Os termos diagnósticos podem ser enunciados de modo diferente em vários sistemas de diagnosticar (como o *Diagnostic and Statistical Manual II* ou *III* da American Psychiatric Association), mas as síndromes clínicas básicas mantêm-se relativamente constantes. Os padrões neuróticos básicos se apresentam como misturas de ansiedade e depressão, com vários graus de dissociação.

Depressão

Embora haja inúmeras teorias de depressão, desde as puramente psicogênicas às orgânicas, em geral é verdadeiro que a depressão psicogênica está, de algum modo, relacionada à cólera, à qual não é dada suficiente expressão na consciência. A cólera se manifesta tipicamente em relação a alguma pessoa do meio circundante, presente ou passada, e se volta secundariamente contra a própria imagem do ego, resultando em depressão. Essa clássica dinâmica psicológica pode ser vista, muitas vezes, com excepcional clareza em sonhos e servir de indicador diagnóstico.

O que seria vivenciado pelo ego vígil como depressão é suscetível de se mostrar no sonho como agressão contra o ego onírico por outra figura. No caso da mulher cujos sonhos foram discutidos na seção anterior, a depressão começou a se dissipar quando ela era o agressor sexual no sonho do "bebê ou cachorro" morto, mas no sonho da princesa egípcia (quando ainda estava deprimida), a paciente estava firmemente presa num amplexo sexual indesejado, por parte de uma figura paterna agressiva.

Outra mulher que vivenciou conscientemente um misto de cólera e depressão, suscitado pelo envolvimento do marido com outra mulher, tinha sonhos de ser ameaçada por vários insetos e répteis, mas quando assumiu posição mais peremptória em relação à situação exterior a depressão começou a desaparecer. A mudança pôde ser acompanhada através de mudanças nos sonhos. Num sonho inicial, ela estava sozinha no deserto à noite, cercada de cactos e répteis, com medo de se mexer; num sonho que teve algumas semanas depois, estava passeando pela vereda de um *campus* universitário (algo a aprender?), onde havia muitas serpentes venenosas em redor, mas não realmente nas veredas; havia outras pessoas por perto, e era dia em vez de noite. Os elementos agressivos, não humanos, dos primeiros sonhos podem ser vistos como sua própria agressão inexpressa, indicando a necessidade de afirmar seus verdadeiros sentimentos. Quando assim procedeu, suas imagens oníricas tornaram-se menos ameaçadoras.

Ansiedade

Um número de sonhos de ansiedade clássicos pode ser observado em muitos pacientes. Existem três tipos principais que merecem atenção: (1) sonhos de não estar preparado para um exame; (2) sonhos de perseguição por alguma pessoa ou criatura ameaçadora; (3) sonhos que sugerem perigo físico para o ego onírico, como queda, ou ameaçados por eventos naturais – terremotos, inundações e maremotos, incêndios florestais etc. –, onde não existe qualquer motivo malévolo em relação ao ego onírico. A ansiedade pode, é claro, adotar muitas outras formas em sonhos, mas esses três padrões são os que aparecem com mais frequência.

Os *sonhos com exame* possuem forma típica. O ego onírico dá-se conta de que foi marcada a data de um exame, em geral um exame final num curso universitário ou colegial, e, por alguma razão, a pessoa não está preparada, esqueceu de estudar para o exame, não frequentou as aulas do curso ou não sabe onde será realizada a prova. O ego onírico também pode estar atrasado para o exame. Esses sonhos são mais estruturados (e mais frequentes em minha experiência) que os sonhos mais primitivos de perseguição e queda. Como os exames representam uma avaliação por padrões coletivos, apontam para a ansiedade da *persona* – ansiedade sobre como o indivíduo se apresenta aos olhos dos outros ou medo de não estar à altura de um papel social: "Será ele um bom músico?" "Poderá realmente desempenhar bem suas tarefas?" etc.

Os *sonhos com perseguição* indicam ansiedade de natureza mais primitiva, embora não sejam tão desestruturados quanto os sonhos de queda ou de catástrofe natural, como terremotos ou o fim do mundo. É importante ver *o que* está perseguindo o ego onírico. É uma pessoa (do sexo masculino ou feminino)? É um animal, um monstro, um "astronauta"? É o ego onírico perseguido por uma única "coisa" ou por algo coletivo, como uma multidão enfurecida? Por vezes, há mudanças muito reveladoras na pessoa ou coisa que persegue. A princípio, ela poderá parecer assustadora, mas, à medida que se aproxima, é possível que não haja indicação alguma de agressão para justificar o medo sentido pelo ego onírico. Um homem sonhou que havia um monstro enorme na escuridão avançando em direção ao ego onírico, que estava parado sob o foco de luz projetado por um candeeiro público. Mas, quando o "monstro" ficou realmente iluminado, era apenas um rato. Talvez no escuro *fosse* um monstro, mas, ao se aproximar da "luz" da consciência que rodeava o ego onírico, se modificou. Os complexos relacionados ao ego (onírico ou vígil) não se comportam da mesma maneira que os desligados dele e, portanto, inconscientes.

Uma mulher sonhou que, quando abria a torneira do banheiro, dela saía um jacaré enfurecido. Ele a perseguia pela casa toda, mas quando conseguia abrir a porta da frente e enxotá-lo com uma vassoura o jacaré se transformava num dócil cachorrinho à luz do sol (consciência). Outra mulher sonhou que abriu a cortina da janela e encontrou uma enorme aranha cobrindo totalmente a vidraça e aterrorizando o ego onírico. Entretanto, a aranha se moveu devagar e desceu para o jardim da frente da casa (outro símbolo de consciência), onde se converteu também num cachorrinho dócil e brincalhão.

A transformação de imagens oníricas assustadoras é semelhante ao que comumente ocorre em contos de fadas: a rã converte-se num príncipe; a fera, num belo homem etc. Essas transformações, sobretudo as de um animal ou coisa que se transforma numa pessoa, parecem retratar o desejo dos conteúdos inconscientes de se tornarem conscientes e participarem da vida do ego; isso aparece nos sonhos como uma transformação de sua natureza primitiva e um movimento em direção ao reino humano.

A "coisa" aterradora e desconhecida que persegue o ego onírico pode ser uma ameaça a ele, mas não ao processo de individuação em que o ego está inserido. Examine-se o sonho para verificar se existe qualquer indicação manifesta de que a "coisa" perseguidora está tentando realmente fazer mal ao ego onírico. Ela poderá representar apenas um aspecto inconsciente do indivíduo que tem o sonho e está tentando estabelecer contato com o ego, embora possa se tornar mais agressivo e assustador se o ego onírico resistir ao contato. Lembre-se de que os conteúdos ou as qualidades da sombra quase sempre aparecem à imagem do ego dominante como ameaças severas, ainda que potencialmente valiosas ao ego na fase seguinte de individuação.

Por exemplo, uma mulher, que trabalhara por muitos anos com um grave complexo materno, de caráter negativo, sonhou:

> Eu dormia em minha cama, mas parecia estar numa casa mais velha que a minha, construída nos anos 1920 ou 1930. Escutei uma batida forte na porta da frente e fiquei aterrorizada, porque meu marido estava fora da cidade, e eu, sozinha com as crianças. Percebi que tinha de me levantar para ver quem era. Vi o *flash* de uma lanterna percorrendo o quintal dos fundos e fiquei muito assustada. Apertei o botão do alarme, que soou, mas não houve resposta. Teria sido cortado? De novo a batida forte na porta, e percebi que não havia outro remédio senão ver quem chamava. Eu estava com medo, mas fui até a porta: era a polícia, que viera me dizer que houvera um desastre durante o voo em que meu marido estava. Era possível que não houvesse sobreviventes. Compreendi quanto o amava e até que ponto estava preocupada com a segurança dele.

A coisa que tentava penetrar a "casa" dela era assustadora, e a mulher sentiu que ela tentava lhe infligir dano. Mas, quando foi realmente enfrentada no sonho, trouxe-lhe à mente um sentimento compensatório de amor e preocupação pelo marido – uma indicação de que ela estivera inconsciente da profundidade de seus sentimentos em relação a ele. A mulher despertou, viu que o marido dormia a seu lado, mas o efeito do sonho foi tão profundo que, por alguns minutos, ela hesitou tocá-lo, com receio de que ele pudesse *não* estar ali. Durante horas, ela sentiu o impacto do sonho, e seu persistente significado causou profunda mudança na percepção consciente do verdadeiro amor que sentia pelo marido, que ela era propensa a considerar axiomático em meio às suas apreensões neuróticas.

É evidente que o *perigo físico* ao ego onírico não é perigoso ao ego vígil, exceto quando a emoção associada a tal sonho pode impor esforço exagerado ao aparelho cardiovascular durante o sono. O tipo mais comum de sonho de ansiedade associado a um perigo físico real ao ego onírico é aquele com queda. Parece não haver qualquer base para a crença popular de que ocorrerá a morte física real se a pessoa "bater no fundo" durante tal sonho. Raramente uma pessoa sonha completar a queda batendo no chão, mas, se o sonho continua, ocorre geralmente alguma mudança na situação ou no estado do ego onírico; a pessoa pode verificar que está ilesa, ou que a queda foi de pouca altura, ou poderá estar "morta" no sonho, mas observando o corpo, e assim por diante.

O desfecho mais comum desses sonhos é o ego onírico "emergir" na identidade do ego vígil durante a queda. Essa mudança do ego onírico para o ego desperto é uma frequente lise ou desfecho dos sonhos e deve ser assinalada quando ocorre. Esse despertar, evidentemente prematuro em termos da ação do sonho, pode ser considerado uma fuga à ansiedade, mas, por vezes, também comporta significado simbólico: "Acorde para isso!". Esse sentido de "acordar" diria-se ser parte da finalidade do sonho em que a mulher foi informada pela polícia de que o marido talvez estivesse morto e despertada para uma percepção consciente mais profunda de seus sentimentos positivos em relação a ele.

É importante olhar para o ego onírico além da mera presença de perigo físico e fazer alguma avaliação de seu significado no sonho, que variará de acordo com o contexto. Um homem sonhou que uma lança foi arremessada contra ele, não o atingindo por um triz, e que ele a agarrou, entregando-a ao "cavaleiro mongol" que a lançara; seu objetivo era apaziguar o atacante, mas o ato serviu apenas para inflamar a cólera do agressor. Esse sonho aponta para um motivo não infrequente: o ego onírico é estimulado para ser ativo em sua própria defesa. A figura "atacante" pode ser interpretada como querendo uma reação mais agressiva por parte do ego onírico. O mesmo motivo é sugerido por um sonho em que um tridente é arremessado contra o ego onírico por uma sinistra e irada figura feminina; entretanto, o ego onírico percebe que a sinistra mulher deu-lhe, desse modo, uma arma para que se opusesse a ela; o que ele faz, libertando inúmeros animais "mortos" que voltam à vida.

A agressão contra o ego onírico pode estar a serviço de uma finalidade mais profunda – o processo de individuação –, que diz respeito ao padrão total de desenvolvimento pessoal durante a vida inteira e se relaciona com qualquer imagem do ego dominante em qualquer fase da vida, à luz desse processo subjacente em curso. Em razão do processo de individuação, a que os sonhos parecem estar profundamente ligados, a ação num sonho pode parecer que se opõe ao ego onírico, quando sua verdadeira finalidade é ampliar ou transformar o ego em relação ao Si-mesmo.

Os sonhos de graves desastres naturais, como terremotos, mostram mais uma mudança de *background* do estado do ego que uma força dirigida contra o próprio ego onírico. É teoricamente possível que tais sonhos, em nível objetivo, representem uma mudança iminente na situação coletiva, como Jung encontrou sonhos que pareciam prenunciar a Primeira Guerra Mundial. Isso é improvável, contudo, como o próprio Jung ressaltou na entrevista a John Freeman, na BBC, porque hoje todas as pessoas estão perfeitamente cônscias da possibilidade de calamidades mundiais, naturais ou provocadas pelo homem; essas imagens não compensam claramente uma expectativa coletiva consciente de paz e progresso.[8]

Os sonhos de desastres apontam, antes, uma mudança potencialmente abrupta e possivelmente violenta no *background* tácito da imagem do ego que dominou a consciência. Eles indicam a potencialidade de uma importante mudança na estrutura da imagem do ego. Essas mudanças, se terapeuticamente contidas, podem ser transformadas; se acontecem sem contenção, podem pressagiar severo curso clínico de depressão, ansiedade e até psicose.

Psicose

Quando se considera um possível diagnóstico de esquizofrenia ou algum outro processo psicótico, os sonhos podem se revestir de valor para esse diagnóstico e para o acompanhamento do curso da doença. Por vezes, os sonhos podem ser de alguma ajuda para determinar quando é aconselhável aumentar a medicação ou, talvez, considerar outros meios de maior apoio ao ego assediado, como a hospitalização. A arte de ler sonhos dessa maneira não é fácil de transmitir, porquanto não parece haver qualquer indicação clara que esteja invariavelmente presente. As pistas que porventura existam são, com frequência, contextuais ao indivíduo particular que tem o sonho, significativas na série de sonhos dele, mas dificilmente generalizáveis a outros. O indicador é quase sempre, por exemplo, não o motivo de perigo para o ego onírico do indivíduo, mas apenas o aparecimento no sonho do que se poderia chamar imagem bizarra. Um animal perambulando sem pele, por exemplo, ou uma pessoa louca ameaçando explodir o mundo podem revelar potencial agravamento da condição clínica. Entretanto, essas imagens devem ser sempre contrabalançadas com a força do ego. A psicose ocorre quando a pressão dos processos inconscientes sobrepuja o ego; isso pode acontecer mediante surto da pressão inconsciente ou por decréscimo da força usual do ego, em virtude de estresses excessivos ou de fatores físicos, como o efeito de drogas psicodélicas.

Diria-se haver necessidade de pesquisar o uso de imagens oníricas para avaliar a estabilidade do ego e a pressão psicótica; esses estudos exigiriam comparações cuidadosas numa população bem definida, durante extenso período de observação. Semelhante pesquisa não seria fácil nem pouco dispendiosa, mas poderia aumentar nossa compreensão clínica do impacto psicológico da medicação antipsicótica. Também poderia fornecer algumas respostas às cruciais indagações sobre a interação mente/cérebro em relação à estabilidade da personalidade.

Problemas físicos

Nada tem de simples, em absoluto, a elaboração de diagnósticos orgânicos com base em material onírico, embora existam muitos exemplos impressionantes de tais predições: o sonho de uma "explosão" interna precedendo a ruptura de um aneurisma da aorta; o aparecimento de figuras oníricas com moléstia de vesícula biliar antes de essa doença nem sequer ser suspeitada na pessoa que teve o sonho etc. Em retrospecto, é fácil ver que os sonhos podem estar indicando um problema orgânico, mas, do ponto de vista do prognóstico, isso é difícil, por causa da multiplicidade dos fatores a considerar. Normalmente, os sonhos parecem ser compensatórios da posição consciente do ego vígil. Fazem isso a serviço do processo de individuação, cujos propósitos e interesses não são necessariamente os mesmos do ego vígil, uma vez que a individuação serve mais à integridade potencial da personalidade que à perfeição de qualquer configuração particular do ego. A doença física pode ser uma preocupação absorvente do ego consciente, mas não parece ser de igual interesse para o Si-mesmo, originador de sonhos.

Os sonhos parecem estabelecer distinção entre a personalidade e o corpo, estando o ego onírico, aparentemente, mais associado à personalidade que ao corpo. Quando indicadores de condições físicas concretas são representados num sonho, não costumam se apresentar como doença da imagem do ego no sonho; ao contrário, é mais provável que se mostrem em outras figuras que não o ego onírico, talvez uma imagem que representa o corpo orgânico – um animal, a mãe pessoal (a origem do corpo físico) ou outras representações de vida orgânica.

Sonhos com morte

O motivo de morte num sonho está intimamente relacionado à questão de representação da doença orgânica. Sonhar que se pode morrer, ou mesmo que se está morto, não é particularmente raro. Os pacientes podem se lembrar desses sonhos com ansiedade, temendo que o sonho seja indicador da aproximação da morte. Mas os sonhos de morte são, em essência, sonhos de transformação da imagem do ego. À medida que o ego consciente se identifica com determinada imagem do ego, qualquer coisa que ameace a continuidade dessa imagem parecerá uma ameaça de morte física, pois o ego também está intimamente identificado com a imagem do corpo – embora o frequente motivo onírico de olharmos *para* nós mesmos demonstre claramente a dissociabilidade do ego onírico da imagem do corpo.

A morte num sonho é muito diferente do significado de morte no contexto vígil ordinário. As imagens oníricas são representações de complexos ou arquétipos. Inúmeras imagens podem estar associadas ao mesmo complexo ou arquétipo. Essas imagens não "morrem". Uma imagem se transforma em outra; uma transformação que frequentemente pode ser acompanhada numa série de sonhos. A sequência onírica examinada anteriormente – envolvendo o "cachorrinho que explode", o "cachorro ou bebê" e o "rato com olhos humanos" – ilustra a transformação gradual de uma imagem onírica ao longo do tempo.

As pessoas que estão de fato se acercando da morte orgânica têm sonhos que surpreendentemente não diferem de outros sonhos premonitórios de alguma mudança significativa, como os de viagem ou os de casamento. Tais sonhos podem encorajar o ego vígil a se concentrar em preocupações e responsabilidades conscientes, mais que na morte iminente do corpo físico. A observação e pesquisa a respeito dos sonhos de morte é insuficiente para que se possa fazer qualquer enunciado definitivo de uma teoria. Parece, entretanto, que os sonhos se preocupam muito menos com a morte do corpo que com o processo de individuação, uma vez que consideram o fim próximo da vida do mesmo modo que outras mudanças importantes no transcorrer dela. Isso sugere que a personalidade individual sobrevive à morte física? Significará que a morte física é de pouco mais interesse para o Si-mesmo que as mudanças significativas do ego durante a vida? Essas são perguntas sérias para a ciência em geral e, em particular, para a parapsicologia e a psicologia de profundidade.

PRINCÍPIOS A RECORDAR

1) Os mesmos complexos podem ser personificados por inúmeras imagens diferentes.

2) Acompanhando uma série de sonhos e procurando neles uma estrutura afim, mas variável, é possível notar intuitivamente:

   a) nuanças cambiantes de um complexo em relação a outros no mesmo padrão de identidade; e

   b) aperfeiçoamento (ou agravamento) prognóstico do padrão de identidade, como o de natureza dominação-submissão.

3) Os sonhos, no início da análise, podem indicar um elemento diagnóstico e prognóstico a ser considerado na avaliação clínica inicial.

Capítulo 5

QUESTÕES DE TÉCNICA

Existe uma verdade básica acerca da técnica: a técnica correta nas mãos da pessoa errada não funcionará, ao passo que a técnica errada nas mãos da pessoa certa *funcionará*. O uso bem-sucedido da análise dos sonhos em psicoterapia não é apenas questão de perícia técnica. *Nenhuma* técnica é totalmente adequada, pois a equação pessoal analista/analisando é mais importante. É nessa relação que se deve realizar todo trabalho com os sonhos ou outra terapia. A relação terapêutica é o *temenos* (a fronteira sagrada, o *vas* ou *krater* alquímico), onde ocorre o processo de transformação.

TRANSFERÊNCIA E CONTRATRANSFERÊNCIA

A análise é um processo que não pode ser inteiramente racional; logo, é semelhante, em alguns aspectos, a outros desempenhos especializados, como a produção de música, arte ou poesia. As regras que governam essas produções não são de todo específicas, mas servem como máximas ou lembretes gerais das diretrizes que devem ser respeitadas.

Talvez a principal responsabilidade do analista ou terapeuta seja manter o que poderíamos chamar de *campo transformativo*, no qual a transformação da psique tem mais possibilidades de ocorrer. Surpreendentemente, a transformação pode ocorrer no analisando (o intuito usual) ou no analista – ou em ambos! É impossível construir uma situação interpessoal em que as influências corram numa única direção. O ponto de vista inicial de Freud era de que o analista podia ser totalmente objetivo, servindo como uma "tela branca" virtual, na qual o analisando projetava sua própria psicologia e revivia seu processo neurótico dentro das fronteiras curativas da psicanálise. Entretanto, não tardou ficar evidente que, além das distorções de transferência do analista pelo paciente, havia também as distorções do paciente pelo analista – a chamada contratransferência.

As concepções de Jung sobre o assunto claramente levam em conta essa qualidade de "campo". Em *A Psicologia da Transferência*, Jung mostra que analista e analisando estão ambos envolvidos num processo que não pode ser de todo consciente e pode ser transformador para ambos os parceiros.[9] Além disso, ele vê a transferência e a contratransferência como formas específicas de projeção, o que acontece automaticamente em qualquer relação.

Não obstante, a situação analítica tem por objetivo maximizar o campo transformativo para o paciente, ao mesmo tempo em que minimiza a contratransferência perturbadora do analista. O material do paciente é discutido em grande profundidade, historicamente e à luz dos sonhos atuais, ao passo que o analista faz relativamente poucos comentários pessoais, muito embora seja impossível para ele ser a clássica tela em branco. Além disso, o analista treinado passou por extenso período de análise pessoal e está presumivelmente mais ciente da possibilidade de projeção dos próprios complexos no analisando.

De que modo os sonhos penetram no campo transformativo da relação analítica? Na maioria dos casos, o analisando sonha, leva o sonho ao analista, e, juntos, eles procuram o significado do sonho na vida do paciente. Assim, analista e analisando são colegas na exploração do material inconsciente do analisando, relacionando-o ao processo de individuação em curso. Há momentos, entretanto, em que trabalhar com sonhos pode gerar tensões nesse padrão usual. Isso acontece regularmente nos seguintes casos:

1) O analisando identifica o analista com uma figura em um de seus sonhos.

2) O analista aparece em pessoa no sonho do analisando.

3) O analisando aparece em um sonho do analista.

4) Existem sonhos sexuais, do analisando ou do analista, acerca da outra pessoa.

Há outras possibilidades, é claro, mas essas quatro suscitam as principais questões de técnica envolvidas na relação entre os sonhos e o campo transformativo da análise. Considerando-as mais cuidadosamente, teremos:

1) *O analisando identifica o analista com uma figura de seus sonhos*, muito embora a figura *não* seja manifestamente o analista. Já que na teoria junguiana as ações e as pessoas dos sonhos não são consideradas disfarces da realidade (como na concepção de Freud), é uma questão de interpretação dizer que uma figura, num sonho, é "realmente" alguém conhecido do analisando na vida vígil. Como veremos em breve, mesmo que o analista apareça na realidade, *ainda* é importante considerar se o sonho está falando de modo objetivo ou subjetivo. A interpretação abusiva de figuras oníricas como referentes do analista pode até ampliar a transferência a um grau desnecessariamente perigoso, sobretudo quando os sonhos apresentam caráter erótico. Em geral, é preferível manter a posição de que o analista deve ser claramente mostrado no sonho, caso o sonho se tenha referido à pessoa real do analista. Outras figuras revelarão a estrutura dos complexos constelados no paciente, e estas, é claro, *podem* influenciar a transferência, mas não necessariamente. A excessiva identificação de imagens oníricas com pessoas reais constitui-se um *reducionismo interpessoal*; exerce pressão indevida sobre a esfera interpessoal de significado, atribuindo, desse modo, grande ênfase aos aspectos de transferência da situação terapêutica.

2) *O analista aparece em sua própria forma num sonho do paciente.* Nesses casos, é mais provável que o sonho esteja falando de uma situação objetiva, que envolve a pessoa do analista, embora isso não seja absolutamente certo; o analista pode servir como função simbólica, representando parte da própria psique do paciente (o "analista interior"), que se baseia na interação com o analista; uma representação que ocorre com mais frequência após terem acontecido mudanças significativas no caráter da neurose. Com sonhos desse tipo, existe uma responsabilidade adicional para o analista: a de avaliar objetivamente sua relação com o paciente, incluindo reações de contratransferência, uma vez que o sonho do paciente poderá estar se referindo a um de seus aspectos inconscientes.

3) *O paciente aparece num sonho do analista.* Isso deve fazer com que o analista considere seriamente a possibilidade de distorções de contratransferência que impeçam o processo terapêutico. O analisando, no sonho, pode personificar

um dos complexos do analista constelado em sua vida pessoal ou na situação analítica. No mínimo, esse sonho indica necessidade de modificar a percepção consciente do analista a respeito do paciente. Jung menciona um sonho em que viu uma paciente como uma pessoa muito mais importante, pelas próprias qualidades, do que a avaliara conscientemente ser; uma simples correção ou compensação da subavaliação que fizera dela no nível consciente.[10]

Deverá ser esse sonho discutido com o analisando? De acordo com minha própria experiência, a resposta é geralmente "não", embora invariavelmente não seja este (como ocorre com todas as máximas) o caminho correto. Quando discutimos o sonho de uma pessoa com essa mesma pessoa na vida vígil, há o perigo de que a pessoa sobre quem se sonhou considerar o sonho "mais profundo" ou "mais verdadeiro" que a posição conscientemente declarada de quem teve o sonho. É como oferecer um produto inconsciente, que pode não ser compreendido por completo pela pessoa que teve o sonho, como uma tela de projeção, para a pessoa a quem se conta o que se sonhou. Como o paciente não tem o mesmo treinamento ou experiência do analista, é provável que ocorram distorções inconscientes de sua percepção sobre o analista, aumentando ainda mais a possibilidade de dificuldades na transferência-contratransferência. A mesma regra se aplica, em geral, quando são compartilhados sonhos de um amigo com um amigo na vida vígil, embora haja exceções também nesse caso.

O analista deve entender, até onde lhe for possível, o significado de seu sonho com o paciente e relacionar-se com ele a partir de uma crescente consciência do que está acontecendo com eles. Assim, o ego do analista assume a responsabilidade pelo sonho e seu significado. Se o sonho for particularmente enigmático, o analista deve combinar com um colega uma hora de supervisão.

4) *Sonhos sexuais do analista ou do analisando a respeito do outro.* É especialmente importante trabalhar esses sonhos com a técnica analítica apropriada, uma vez que a sexualização da transferência-contratransferência pode acarretar complicações desnecessárias, sobretudo quando (o que é raro) é passada ao ato. A ocorrência de sonhos sexuais de uma parte ou outra não deve causar surpresa, dado que sentimentos sexuais são naturais em qualquer relação, em especial se houver profundidade emocional. Em suas "Conferências de Tavistock", Jung sugere que os sonhos sexuais de um paciente com o analista constituem uma tentativa de eliminação da distância emocional entre eles.[11] Diria-se que isso é verdadeiro em se tratando de atração sexual em geral: sugere valor potencial numa área desconhecida do relacionamento, valor que ainda não é consciente nem pode ser claramente especificado, embora sua presença seja anunciada através da atração

sexual. Os sonhos sexuais também podem indicar que um processo transformativo está começando no inconsciente (do analisando, do analista ou de ambos), de modo muito semelhante ao dos desenhos alquímicos que Jung usou para ilustrar seu ensaio sobre transferência. (O inconsciente recorre frequentemente a imagens sexuais para simbolizar processos não físicos de união e transformação, embora o ego vígil seja propenso a interpretar literalmente esses sonhos.)

A título de exemplo, um analista sonhou que teve intercurso sexual com uma atraente paciente. O sonho ocorreu três dias antes de essa mulher relatar um sonho análogo. Não existia conhecimento consciente do interesse sexual por ambas as partes, nem houve quaisquer comentários ou iniciativas de flerte ou de sedução de uma ou outra parte. O tema não se repetiu em sonhos subsequentes da analisanda nem do analista. Os sonhos sexuais paralelos pareciam indicar uma nova fase de análise, quando prevaleceu um tom mais transformativo, e a analisanda adquiriu nova perspectiva dos padrões neuróticos de sua vida, que incluíam casos sexuais repetitivos e compulsivos.

MEDICAÇÃO EM ANÁLISE

Se o analista é médico, os sonhos podem indicar quando iniciar ou suspender o uso de drogas psicotrópicas como tratamento coadjuvante para facilitar o processo analítico. Os analistas não médicos terão, é claro, questões semelhantes e poderão solicitar uma consulta acerca do uso de medicação. Existem puristas que se opõem ao uso de qualquer medicação durante o trabalho analítico, mas essa posição está ficando cada vez menos sustentável. O objetivo geral da análise é ajudar o ego a estabelecer um relacionamento responsável com o processo transformativo e individuativo da própria psique. Criteriosamente usada, a medicação tanto pode ser uma ajuda quanto um estorvo para esse objetivo. Se a medicação é utilizada *em vez* do trabalho analítico, torna-se um impedimento. Se for usada judiciosamente, de modo a permitir que o ego trabalhe de forma mais eficaz na análise, então poderá constituir parte útil do processo transformativo.

Um paciente com excessiva (ou escassa) ansiedade não pode ser suficientemente ponderado para se movimentar com eficácia na análise. Pode ser valioso o uso de uma ou mais medicações tranquilizantes. Do mesmo modo, se o paciente está tão deprimido que nada para ele parece ter valor, incluindo a análise, o uso de medicação antidepressiva pode ser um auxiliar essencial. A finalidade de qualquer uso de medicação é deslocar o ego do paciente para a faixa intermédia de pressão afetiva, faixa em que tanto a ansiedade quanto a depressão não são tão esmagadoras que interfiram no trabalho da terapia de *insight*. Se o paciente não está *suficientemente* ansioso ou deprimido, a análise também pode ficar à deriva, sem um propósito; mas, nesses casos, não existe medicação para deslocar o ego para a faixa intermédia, e o movimento deve ser iniciado por processos inconscientes (frequentemente um sonho) ou pelo analista que, através da interpretação ou da exortação, desperte no paciente um grau adequado de afeto. Por vezes, a adição de terapia de grupo simultânea suscitará as reações afetivas que faltam à situação analítica individual.

Os sonhos podem indicar quando a medicação se faz necessária ou pode ser interrompida com segurança, embora não se deva confiar neles como único critério. Um jovem em processo esquizofrênico, por exemplo (como se discutiu antes), tinha períodos de exacerbação em que era necessário aumentar a dosagem da medicação antipsicótica, a fim de evitar a necessidade de reinternação hospitalar. Vários motivos repetitivos eram observados em seus sonhos imediatamente antes de se iniciar uma fase regressiva. Esses motivos incluíam um carro rodando para trás, desgovernado; animais sem pele e figuras oníricas destrutivas propensas ao assassinato e até a destruição do mundo inteiro. Quando esses motivos apareciam, a medicação era aumentada, evitando, com frequência, um período de recaída.

Uma pessoa deprimida pode continuar informando estado de pressão mesmo quando há progresso subjacente; isso constitui, ao que tudo indica, uma defesa contra o reatamento das responsabilidades associadas à renúncia ao papel de doente. Se os sonhos assumem aparência mais normal, poderá ser seguro começar a retirar a medicação, acompanhando com cuidado qualquer agravamento da condição clínica. A "normalidade" dos sonhos é mais bem ajuizada cotejando-os com o que se conhece dos sonhos do paciente antes da ocorrência da depressão, mas alguns motivos bastante comuns que podem oferecer indicação de melhora são: (a) ausência de símbolos de agressão contra o ego onírico e (b) ausência de símbolos referentes a períodos do passado em que os conflitos neuróticos foram formados ou intensificados.

ANÁLISE REDUTIVA E ANÁLISE PROSPECTIVA

Análise redutiva é o termo sugerido por Jung para a tradicional ênfase primária da psicanálise freudiana: redução do conflito corrente às supostas origens na vida pretérita do paciente. Esse trabalho redutivo tende a localizar a causa suficiente da neurose num evento passado, incluindo a atitude pretérita relativa ao evento. Jung nunca abandonou a análise redutiva e considerava ser ela a ênfase apropriada (em qualquer idade) quando havia indicadores claros de que um importante componente da dificuldade neurótica podia estar localizado em complexos baseados na experiência passada. Jung relativizou a análise redutiva, demonstrando-lhe o uso especializado em vez de tratá-la como o único ou necessário caminho para o alívio de todo sofrimento neurótico. Em contraposição à análise redutiva, a análise prospectiva assenta-se numa orientação mais teleológica, investigando *para onde* o processo vital está caminhando, em vez de atentar para os obstáculos que encontrou no passado.

Na prática analítica, há importantes ocasiões tanto para a análise redutiva quanto para a prospectiva. Os sonhos podem ser um indicador extremamente sensível de quanto enfatizar um tipo ou outro de trabalho.

A indicação primordial de que a análise redutiva é requerida ocorre nas ampliações pessoais de motivos oníricos, tanto de personagens como de cenário. Um homem com histórico de depressões bastante periódicas, todas deflagradas por fatores psicodinâmicos associados a mudanças ambientais, tendia a sonhar com a infância numa pobre granja, sempre que uma depressão se avizinhava. Em outras ocasiões, quando se sentia mais estável, esses motivos eram raros em seus sonhos. Esses motivos indicaram a necessidade de tratar seus complexos por análise redutiva. Outro homem, que começava a desenvolver uma severa e persistente neurose, teve uma série de sonhos localizados nas vizinhanças do lar de infância, sonhos simbólicos de fixação numa experiência incipiente do mundo, ocorrida por volta dos três anos de idade. Nesses sonhos, havia primeiro imagens de intrusões do tipo Máfia no sistema judicial de uma cidade inexistente, perto da casa de infância; depois, sonhos de sair diretamente de casa por avião (uma impossibilidade física) e, finalmente, uma imagem mais simbólica de figuras subterrâneas, como zumbis emergindo de onde estavam sepultados (indicando, possivelmente, que tinham sido enterrados no inconsciente). Depois dessa série de sonhos, ele começou assumindo uma atitude diferente em relação ao caráter regressivo de suas ligações neuróticas, prenunciando um período de progresso marcado pelo declínio da depressão neurótica.

Inversamente, quando as imagens do passado estão ausentes dos sonhos, parece menos importante nos concentrarmos numa análise redutiva. Os progressos podem ocorrer mais rapidamente a partir de um foco sobre os estados afetivos comuns e seus aspectos neuróticos. Esse trabalho pode se concentrar em qualquer aspecto do funcionamento do paciente afetivamente carregado: a transferência-contratransferência, o envolvimento com a família ou amigos comuns, estresse no ambiente de trabalho, relações observadas na terapia de grupo etc.

O valor dos sonhos torna-se particularmente evidente quando se trabalha com problemas afetivos correntes, pois em todas essas áreas que *não sejam* os sonhos é importante subtrair a realidade externa das descrições do paciente. Por exemplo, se existe acentuada dificuldade afetiva com alguém para quem o paciente trabalha, o analista deve admitir que essa dificuldade se baseia mais na natureza concreta da outra pessoa que nas suas distorções, que têm como causa a percepção neurótica do paciente. Até mesmo na avaliação de situações afetivas no campo da transferência-contratransferência, poderá ser difícil para o analista ser objetivo o bastante a seu próprio respeito, a ponto de reconhecer as contribuições da própria contratransferência para a dificuldade. Em sonhos, entretanto, estamos aptos a iniciar a investigação com dados *já* simbólicos. Uma vez que o ego não produz o sonho, suas distorções não precisam ser levadas em conta, embora se deva, assim mesmo, atentar para questões de interpretação objetiva ou subjetiva do sonho.

O EGO AFETADO E OS SONHOS

Em seu estudo sobre associação de palavras, que precedeu o primeiro encontro com Freud, Jung definiu claramente a natureza de um *complexo* e a do *ego afetado*. Complexo é um grupo de ideias e imagens relacionadas entre si ou afins, reunidas por um tono emocional comum e baseadas num núcleo arquetípico.[12] Ao examinar os efeitos agudos do complexo sobre a consciência, Jung definiu o ego afetado como uma modificação do ego resultante de sua ligação com um complexo fortemente tonificado.[13]

A energia associada a um complexo fortemente carregado no inconsciente pessoal modifica a capacidade do ego de manter seu sentido usual de realidade, resultando num estado de afecção do ego. O ego experimenta perda de sua habitual objetividade, sente o influxo do afeto associado ao complexo e pode ter dificuldade em manter as fronteiras usuais da identidade pessoal.

A criação de um estado de ego afetado é característica da maioria dos sonhos. Os sonhos possuem, ordinariamente, uma estrutura semelhante à de um drama teatral, com um problema inicial (incluindo o cenário e o elenco), alguma reação do ego onírico (incluindo a não ação e as reações emocionais) e um desfecho. É importante investigar cuidadosamente as reações emocionais (ou a ausência delas) do ego onírico, uma vez que elas, assim como as ações, fazem parte da resposta do ego onírico aos complexos constelados, simbolizados nas outras figuras do sonho.

Se o ego onírico está envolvido numa situação muito dramática no sonho, mas não mostra a reação emocional apropriada caso a situação fosse em estado vígil, então o sonho pode estar indicando ausência patológica de percepção emocional com essa particular construção do ego. Um aspecto especialmente sutil do uso clínico dos sonhos é a interpretação da receptividade emocional (ou sua ausência) do ego onírico em relação às cenas subsequentes do sonho. Considere-se um exemplo hipotético em que o ego onírico é atacado por outra figura, mas se recusa a se defender, tentando fazer amizade com o atacante. Isso mostra certa atitude do ego em face de um conteúdo agressivo da psique. O que acontece em seguida poderá mostrar o que a psique inconsciente "pensa" dessa atitude do ego. Não seria surpresa se o ataque fosse renovado com mais energia, sugerindo que o produtor do sonho deseja que o ego onírico se torne mais ativo em sua própria defesa.

Outro desenvolvimento que ocorre com frequência em um sonho é quando o ego onírico não reage adequadamente a algum desafio no sonho (aferido pelo que seria apropriado na mesma situação na vida vígil), e a cena muda logo para um desafio mais sério. Por exemplo, o ego onírico defronta-se com uma cena de guerra civil, em que um soldado do lado inimigo está atirando contra o ego onírico, que se refugia numa gruta para evitar o conflito; depois a cena muda para outra em que o ego onírico está dentro da água e vê se aproximarem velozmente as barbatanas dorsais de tubarões. Essa sequência sugere que uma ameaça mais séria e mais primitiva (os tubarões atacantes) aparecerá caso o ego onírico tente evitar um confronto no nível mais humano.

Via de regra, nos sonhos, parece que, quanto mais próximo um conflito estiver de um confronto pessoal no nível humano, mais provavelmente se estará chegando a um ponto de resolução. Numa série de sonhos é possível, por vezes, acompanhar tal evolução numa clara progressão, desde uma luta contra forças primitivas, como animais ferozes, seres espaciais ou grandes cenas impessoais de batalha, mudando para um conflito mais local, como uma guerra civil, que indica uma unidade potencial dos dois lados conflitantes da psique, e, finalmente, um conflito não letal, apresentado como algo que está contido em regras que se aplicam a ambas as partes – por exemplo, uma competição de atletismo ou um jogo de futebol.

Embora devamos ser cautelosos na formulação de generalizações, é pelo menos verdadeiro afirmar que os motivos de conflito em sonhos estão frequentemente associados à diferenciação entre o ego e o inconsciente, ao passo que as imagens mais desenvolvidas de individuação – como as alquímicas da *conjunctio,* que costumam ser representadas graficamente como união sexual ou casamento – ocorrem depois de se ter alcançado a autonomia do ego.

O ego afetado numa imagem onírica correlaciona-se, por vezes, com um estado afetivo observado no ego vígil. Quando essa ligação é evidente, a imagem onírica do ego serve como forma estenográfica de referência ao estado problemático do ego. Assim, analistas e analisandos desenvolvem, com frequência, uma espécie de linguagem privada, que faz uso das imagens oníricas – "Você está agindo como fez no caso do cavaleiro mongol" ou "É de novo seu ego da guerra civil?". O uso de imagens oníricas para comunicação em outras áreas da vida do paciente é uma parte muito valiosa da arte analítica, se bem que, como todas as técnicas, não se deva abusar dela.

Esse uso da atividade curativa básica da análise pode ser descrito como ajuda para que o paciente vivencie *simultanea-mente* vários estados de perturbação do ego afetado, com uma percepção consciente das fronteiras que contêm e protegem a relação analítica, baseada com ênfase na realidade do relacionamento consciente entre o analista e o analisando, embora possam existir entre eles conflitos inconscientes potencialmente perturbadores. O analista tem a responsabilidade de manter o *temenos* da análise (o lugar, o ambiente, a atitude prestativa etc.) e de ajudar o paciente a vivenciar nessa fronteira segura os estados perturbadores do ego afetado que têm interferência neurótica no processo vital.

INTERPRETAÇÃO RETARDADA E NÃO INTERPRETAÇÃO

Quando o analista se familiariza com o uso dos sonhos, na prática clínica, podem surgir alguns problemas específicos. Alguns pacientes podem utilizar superabundância de sonhos, a fim de desviarem o processo analítico das áreas que necessitam de atenção urgente. Entretanto, os próprios sonhos mostrarão com frequência, uma resistência a tal digressão, se forem relatados de forma honesta e na íntegra.

Ocasionalmente, um analisando poderá apresentar tantos sonhos que será impossível trabalhar todos eles. Faz-se necessário, então, um processo seletivo. O analista poderá pedir ao paciente que selecione o sonho de maior carga afetiva (onde um ego afetado está mais fortemente constelado). Tal sonho é, amiúde, aquele que o paciente menos deseja discutir, uma vez que pode conter elementos de sombra dolorosos ou problemas de transferência. Se o paciente apresenta todos os sonhos por escrito, é possível ao analista, muitas vezes, examinar atentamente os relatos e assinalar os motivos semelhantes a sonhos significativos já examinados na análise; estes podem ser escolhidos para um trabalho mais intensivo. Alguns sonhos podem ser postos de lado e reservados para possível consideração em data posterior. Sempre que existir um estado concreto do ego afetado significativo, o exame do material associado a esse estado terá apropriadamente precedência sobre a interpretação dos sonhos.

Esse estado pode surgir no campo da transferência-contratransferência, nas relações cotidianas do paciente, no trabalho ou em qualquer outro lugar.

Via de regra, a análise deve se concentrar no estado mais carregado do ego afetado, quer na vida vígil, quer indicado num sonho. Se o ego afetado em exame ocorre num sonho, mas não na vida vígil, a reapresentação do sonho pode evocá-lo para a análise numa situação imediata. Certo número de técnicas pode ser utilizado para esse fim: a bastante conhecida técnica gestáltica de pedir à pessoa que "seja" a imagem do ego onírico, falando na primeira pessoa, como se a ação estivesse acontecendo no presente; as técnicas hipnoanalíticas e de imaginação ativa; a psicoterapia de grupo com o uso de técnicas de psicodrama; o simples recurso de pedir ao paciente que volte a contar o sonho do ponto de vista de um dos outros personagens, e não o do ego onírico. Qualquer dessas técnicas pode evocar um ressurgimento do estado do ego afetado e permitir a elaboração terapêutica do complexo até a resolução final.

Quando não interpretar um sonho é uma questão sutil de técnica analítica. De modo geral, há dois indicadores importantes para considerar a não interpretação de um sonho. O primeiro é quando o sonho mostra algo acerca do paciente que o analista acredita ser verdadeiro, com base em outras observações, mas que o paciente parece estar totalmente despreparado para reconhecer. Essa é a situação clássica em psicanálise – o analista conhece algo a respeito do paciente que este ainda não está pronto para enfrentar. Na hipnoanálise, a ausência de *insight* é superada, por vezes, por amnésia temporária, com instruções de que esse material será recordado "a seu tempo", quando o ego estiver pronto para assimilá-lo.

O segundo indicador para retardar a interpretação de um sonho é a situação em que o ego vígil necessita da experiência afetiva do sonho mais que de qualquer compreensão analítica dele. Tais casos são raros, mas importantes, e ocorrem mais frequentemente quando existe acentuada necessidade de reparação de uma imagem do ego danificada, muitas vezes em razão de baixo sentido de valor pessoal, datado da infância. Por exemplo, uma mulher que passou por uma experiência de severa privação emocional com a mãe sonhou com a Virgem Maria, que lhe dava a sensação de ser amada e cuidada. O sonho parecia ser uma tentativa de fazer o ego onírico vivenciar o aspecto maternal e carinhoso do arquétipo da mãe, o lado do arquétipo insuficientemente evocado e realizado pela mãe pessoal (talvez por causa dos próprios conflitos neuróticos). Na época do sonho, a paciente estava numa situação instável, com grave depressão, e tinha pouco apoio emocional da família. O sonho não foi interpretado porque o analista sentiu que, naquela ocasião, a paciente necessitava mais do sentimento de ser afetivamente assistida com carinho. Mais adiante, esse sonho foi associado a outros de figuras maternais e fez parte da discussão analítica da série de sonhos em curso da paciente.

TERAPIA DE GRUPO CONCOMITANTE À TERAPIA INDIVIDUAL

Alguns analistas junguianos se opõem a misturar análise individual e análise de grupo, ou até, em princípio, ao tratamento de grupo, mas outros (incluindo eu), com frequência, consideram mais útil a combinação de um trabalho individual e de grupo que uma ou outra abordagem isolada. Um processo de grupo tende a evocar estados de ego afetado numa situação imediata, tal como ocorre nos sonhos. Além disso, há uma constelação diferente da *persona* e da pessoa num ambiente de grupo. Muitos pacientes sentem que a aceitação do analista oferece pouco alívio à culpa opressiva, porque o analista é "especial"; ele "compreende, mas os outros, não". Um ambiente de grupo parece constelar o senso arquetípico de sociedade ou família; por conseguinte, a aceitação *por* um grupo promove frequentemente sentimento maior de autoaceitação no paciente.

A boa técnica analítica requer que qualquer decisão sobre o começo ou o término de um envolvimento em terapia de grupo seja considerada com o mesmo cuidado que as questões de começo ou término da análise individual. Os sonhos, via de regra, são de grande ajuda na tomada dessas decisões. Da mesma maneira que, ao se decidir acerca de qualquer mudança importante, como parar a análise, é comumente aconselhável chegar à melhor conclusão possível, com base numa deliberação consciente, adiando, depois, a implementação da decisão até que se disponha de tempo para observar a reação (se houver alguma) no material onírico. Assumir posição consciente, mesmo que seja mais adiante revista, oferece um ponto de referência na consciência para contrabalançar os sonhos.

Os sonhos podem indicar a necessidade de maior envolvimento no processo de grupo e, de fato, fornecem, usualmente, essa indicação, mostrando, com frequência, que alguma atividade importante no sonho ocorre na presença de membros do grupo. Por vezes, entretanto, os sonhos mostram que o analisando deve se abster de ingressar num grupo, talvez porque haja trabalho mais premente a realizar em base individual. Um desses sonhos mostrou que um vizinho desejava que o ego onírico derrubasse uma grande cerca, mas este se recusou a fazê-lo e decidiu construir mais cercas ainda. O ego onírico descobriu, *então*, que havia vasta área inexplorada, com muitas edificações, atrás da área aos fundos de seu prédio, área a que se juntavam ainda outras áreas cultivadas.

Quando um membro de um grupo terapêutico sonha com outro, é frequentemente proveitoso levar o sonho para um trabalho adicional no ambiente de grupo. Uma mulher que acabara de entrar num grupo de terapia teve uma reação violenta em relação à outra mulher que estava no mesmo grupo havia algum tempo. Ela achava que a outra mulher era "a queridinha do grupo", ao passo que ela própria seria criticada por quase tudo. Sua reação, discutida numa sessão analítica individual, parecia indicar um sério problema de rivalidade entre irmãos que não se evidenciara anteriormente. Ela teve, então, um sonho em que sentia grande amizade pela outra mulher do grupo de terapia, um sonho que com clareza parecia compensar sua reação consciente. Ela decidiu compartilhar o sonho com o grupo e compreendeu rapidamente, com apropriado *insight* emocional, que alimentava um sentimento de parentesco com a mulher que, inicialmente, lhe inspirava antipatia e medo.

PONTOS A RECORDAR

1) O processo analítico ocorre no campo transformativo da transferência-contratransferência.

2) É impossível que os processos inconscientes do analista não sejam envolvidos, mas devem ser mínimos em comparação aos do analisando.

3) Os sonhos em que o analisando sonha com o analista (ou vice-versa) devem ser tratados com especial cuidado, sobretudo se contiverem elementos eróticos.

4) Os sonhos podem fornecer pistas para a necessidade de análise redutiva ou prospectiva, o uso de medicação e outras alternativas clínicas, mas devem ser unicamente parte do processo de decisão.

5) A interpretação dos sonhos não é sempre o foco primário da análise.

6) Em geral, deve-se acompanhar o material associado ao mais forte estado do ego afetado do analisando.

7) O campo transformativo de análise consiste na experiência de estados do ego afetado, no seguro *temenos* da análise. A manutenção da segurança do *temenos*, quando ameaçada de perturbação, tem precedência sobre a interpretação dos sonhos e sobre outros aspectos do trabalho analítico.

8) O significado de um sonho nunca se esgota, mesmo que pareça completamente compreendido. Sentimento de humildade é vital na interpretação dos sonhos.

Capítulo 6

IMAGENS DO EGO E COMPLEXOS EM SONHOS

As mudanças ocorridas no ego onírico e a imagem do ego no sonho oferecem muitos indicadores para o curso clínico da análise junguiana. É importante recordar, uma vez mais, que o sonho deve ser cuidadosamente ampliado e depois colocado no contexto da vida atual e da fase de individuação do paciente.

Os conceitos estruturais básicos da psicologia analítica já foram examinados – as estruturas de identidade do ego e da sombra e as estruturas relacionais da *persona* e da *anima/animus*. As imagens oníricas podem, com frequência, se referir a esses conceitos estruturais, mas seria um erro pensar que tal identificação é, de algum modo, suficiente para o uso clínico de um sonho. O sonho é mais sutil que qualquer modelo teórico da psique, que não deve ser tratada desse modo redutivo. Não obstante, quando empregados com adequada reserva e respeito ao movimento dos sonhos, os conceitos estruturais de Jung podem ser um meio resumidamente útil de orientação psicológica, tanto para o analista quanto para o paciente, e uma ajuda na compreensão da tarefa a realizar de imediato.

IDENTIFICAÇÃO DE COMPLEXOS

Os complexos podem ser facilmente identificados em muitos sonhos, mas estes fornecem mais informação que a mera identificação dos complexos; mostram também *o que a psique está fazendo* com os complexos constelados. Qualquer estímulo não estruturado a que uma pessoa faz livre associação revelará quais complexos são constelados nesse dado momento. Jung notou isso no trabalho com a experiência da associação de palavras; sua objeção à técnica freudiana da livre associação centraliza-se no fato de que ela leva aos complexos, mas não revela a relação deles com as imagens oníricas que eram o início da cadeia associada. Como Jung não acreditava na ideia de significado oculto ou "latente" do sonho por trás do sonho manifesto (que ele considerava simbólico, mas não disfarçado), obviamente não procurou ver por trás do "disfarce" das imagens oníricas; ao contrário, essas imagens eram ampliadas nos níveis pessoal, cultural e arquetípico, a fim de revelarem seu significado através de outras imagens naturalmente associadas a elas na mente do paciente.

Além de identificar complexos, um sonho pode assinalar a inesperada ligação deles com outros complexos. Por exemplo: uma jovem mulher, recém-divorciada, teve o seguinte sonho:

> Estou na casa de meu ex-marido, minha antiga casa. É tarde da noite. Estou na minha antiga cama quando ouço vozes lá fora. Vejo meu ex-marido e sua nova amiga. Pensei ter-lhe dito que estava na casa, para que ele não viesse enquanto eu lá ficasse. Eles sobem a escada para ir para a cama juntos e entram no quarto dele. Dou-me conta, para minha surpresa, de que estou realmente no meu antigo quarto, na casa de meus pais, e de que meu ex-marido e sua amiga entraram no quarto de dormir de meus pais.

O sonho sobressaltou a paciente pela sugestão de que seus sentimentos em relação ao ex-marido tinham implicações edipianas que o colocavam no lugar de seu pai. A surpresa foi ainda maior porque ela se apercebeu de que tal vinculação inconsciente podia explicar a aversão sexual pelo ex-marido, atitude que contribuíra para o divórcio.

Outra paciente descobriu uma ligação semelhante entre uma situação atual e sentimentos passados em relação à mãe (contidos no complexo materno), em dois sonhos, na mesma noite, enquanto resolvia um sério problema relacionado a escrúpulos que dominara sua vida por vários anos. Note-se que a ligação com o complexo materno não é evidente no primeiro sonho; mas, quando esse sonho é cotejado com o segundo, esse complexo torna-se claramente visível:

Sonho 1

Eu estava muito assustada, num socalco de terreno, com três ou quatro pessoas. Escorreguei e caí por terra, uns oito ou dez metros. Quando bati no chão, deixei-me ficar onde estava para me certificar de que estava tudo bem, mas esperava que as pessoas não pensassem que eu estivesse apenas tentando chamar a atenção.

Sonho 2

Eu estava no telhado da casa de minha mãe. Havia outras pessoas. Eu tinha medo de saltar. Ninguém parecia interessado.

Os dois sonhos têm imagem inicial semelhante, embora ligeiramente diversa, o que serve para ligá-los ao mesmo padrão de complexos, ainda que mostrem ângulos um tanto diferentes da sua estrutura. O socalco de terreno do primeiro sonho é análogo ao telhado da casa da mãe no segundo. No primeiro sonho, há uma queda não intencional, seguida de um estado de ego em que a legítima preocupação do ego onírico com a própria saúde é posta de lado em favor do pensamento neurótico de que isso não pareceria correto: "[...] esperava que as pessoas não pensassem que eu estivesse apenas tentando chamar a atenção". No segundo sonho, ela não cai, enquanto as outras pessoas não se mostram preocupadas com sua precária posição; sua localização "no telhado da casa de minha mãe" indica que a dificuldade atual surge mais num complexo parental que numa preocupação consciente em ser escrupulosa. Em certo sentido, o sentimento de que é "excessivamente pecaminosa" é compensado (ou mostrado a uma luz mais verdadeira) por estar, de forma inadequada, "numa situação excessivamente elevada" e num lugar perigoso – o socalco ou o telhado. Ela relacionou a preocupação com a família ao seu desapontamento pela pouca manifestação de atenção ao filho recém-nascido, em contraposição à atenção, que achava pródiga, ao primeiro filho da irmã.

MUDANÇAS ESTRUTURAIS: LIMITES E FRONTEIRAS

As mudanças de uma identidade do ego para outra podem ser simbolizadas em sonhos, assumindo frequentemente a forma de travessia de um limite ou fronteira, ou do cruzamento de um curso de água sobre uma ponte. Tais imagens mostram dois estados contrastantes de ser, bem como a capacidade do ego de se deslocar de um para o outro, como base para sua identidade. Isso está em oposição aos movimentos mais neuróticos de uma identidade para outra, *dentro* de um padrão neurótico estável. É claro que, se o padrão estável é neurótico, uma mudança de identidade totalmente fora do padrão se traduzirá como melhora clínica, embora um movimento de identidade que se distancia de *qualquer* padrão familiar possa causar ansiedade, até que o novo padrão se estabilize.

Um homem falou com aspereza a uma mulher em sua sessão de terapia de grupo; ele não costumava agir dessa maneira, pois, em geral, escondia seus sentimentos negativos, mantendo, assim, sua sombra encoberta, mas também impedia seu ingresso na consciência para uma possível integração. Ele se sentia mal por expressar seus sentimentos negativos e era tentado a retomar o velho padrão de guardar as coisas para si e, desse modo, imobilizar-se num estado neurótico e inalterável. Imediatamente após a experiência da terapia de grupo, ele sonhou:

> Estou numa fronteira, algo como o muro de Berlim, porém na Polônia. Eu estava do lado livre, mas, por alguma razão, queria entrar no lado não livre da fronteira, onde poderia ser preso e impossibilitado de regressar. Tinha de ser cauteloso. Não havia ninguém à minha volta, e eu estava assustado.

Além de se referir à tendência de atravessar para uma identidade "não livre", por causa do sentimento de culpa, o sonho o levou a refletir sobre um impulso para iniciar um romance com uma mulher que conhecera antes de seu casamento. Os aspectos "livre" *versus* "não livre" de sua personalidade podiam ser correlacionados com seu problema neurótico básico e sua manifestação em muitas áreas da vida.

ESTRUTURAS RELACIONAIS E ESTRUTURAS DE IDENTIDADE

As estruturas psicológicas identificadas por Jung podem ser um instrumento útil na compreensão dos sonhos: *persona*, sombra, *anima* e *animus*, Si-mesmo, outras imagens arquetípicas e, é claro, as várias formas e papéis do ego. Elas não são usadas com frequência ao se falar com os pacientes acerca de sonhos, a menos que o paciente as apresente, mas são úteis como orientação para o terapeuta. Seu excessivo uso em discussões comuns com o analisando gera o grave risco de promover a compreensão intelectual à custa do real *insight* emocional e da genuína transformação. Quando o analisando é também analista em treinamento, a identificação dos componentes estruturais em seu material pode constituir um útil recurso didático, mas só deve ser feita depois de consumada a compreensão afetiva.

A *persona*

Os papéis da *persona,* muitas vezes, são concebidos como "máscaras" e recebem significado negativo, em oposição à personalidade "verdadeira" vivenciada pelo ego ("Quero apenas ser eu mesmo"); entretanto, esse é um entendimento equivocado da função da *persona*. A *persona* é tão somente a estrutura de relacionamento com a situação consciente coletiva, análoga ao conceito de papel em teoria social. Em geral, o ego sabe que pode se identificar e deixar de se identificar com os papéis da *persona*, ao passo que, muitas vezes, ignora poder também se identificar ou não com as identidades da sombra, que parecem constituir parte do ego, mas são inaceitáveis. A *persona* parece opcional; a sombra parece compulsiva, embora ambas sejam apenas papéis da identidade do ego que se mantêm em diferentes níveis de tensão, no relacionamento com outros componentes estruturais da psique.

Em sonhos, os aspectos da *persona* frequentemente são mostrados por roupas (que podem ser vestidas ou despidas) e por papéis, como participar de uma representação teatral. A identificação com a *persona* pode levar o ego a sentir que está vazio e "morto", sem papel a desempenhar. Isso ficou evidenciado, de modo flagrante, no sonho de um oficial do exército que se viu fora do palco e morto em seu uniforme, enquanto todos os outros que haviam estado no palco rumavam para outras partes de suas vidas. Inversamente, a ausência de roupas adequadas ou estar nu num ambiente social é um motivo onírico que parece indicar uma *persona* inadequada.

Quando funciona bem, a *persona* facilita a atividade do ego na interação social. A *persona* é também um veículo para a transformação do ego: o conteúdo inconsciente pode ser vivenciado primeiro através de um papel de *persona* e, mais tarde, integrado ao ego como parte da própria identidade funcional tácita. Se tomarmos um exemplo bastante simples, como aprender a tocar piano, esse movimento da *persona* para a estrutura tácita do ego é muito claro. Em primeiro lugar, a pessoa pratica ao piano, exercendo grande esforço, e, depois, em dado momento, a habilidade se torna automática e inconsciente embora possa ser relembrada para reexame consciente, se surgir alguma dificuldade.

Quando a pessoa é identificada num sonho, ela deve, portanto, ser vista em relação às outras estruturas representadas no sonho e na perspectiva do movimento onírico global. A *persona* não é, em si mesma, positiva ou negativa.

A sombra

As imagens da sombra parecem conter, igualmente, certo sentido negativo, embora, como mencionado antes, isso possa também ser uma ilusão baseada na dissociação original entre o conteúdo da sombra e o ego imaturo da infância. A criança tem pouco da autonomia do adulto e pode dissociar uma parte perfeitamente boa do ego para inseri-la na estrutura da sombra, em conformidade com uma situação familiar ou social, em si mesma, neurótica (ou que expressa apenas uma situação transitória da realidade da família). Se a identidade da sombra não for levada mais tarde à consciência para revisão, os traços da sombra não serão facilmente acessíveis ao funcionamento normal do ego. Qualquer tipo de psicoterapia está, em certa medida, envolvido no encaminhamento da sombra para a consciência e na tomada de uma decisão mais adulta quanto à conveniência de sua inclusão na identidade do ego dominante. Se a integração da sombra não for realizada, seu conteúdo tenderá a ser projetado em outros (em geral, do mesmo sexo do ego) e oferecerá obstáculos irracionais ao bom funcionamento interpessoal.

O sonho de um médico que tinha muitos problemas imaturos mostrou qualidades de sombra e *persona*, assim como o relacionamento entre esses dois componentes de sua psique:

> Eu era um agente secreto [identidade oculta] contra a Gestapo [símbolo de sombra coletiva]. O uniforme que eu vestia tinha botões inadequados [problema de *persona*]. Três ou quatro homens tentavam me ajudar a encontrar os botões certos para o uniforme [possivelmente partes prestativas da sombra].

No dia que precedeu a esse sonho, esse homem assistira a um programa de televisão sobre uma caçada a nazistas foragidos. Ele considerava os membros da Gestapo "pessoas malévolas, desajustadas, loucas, autoritárias, rígidas, dogmáticas e repressivas". Essas associações descreveram, em certo grau, sua própria sombra, mas também expressaram seu medo de lidar com esse material. O sonho mostrou que a *persona* inadequada (o uniforme não totalmente correto) e a natureza difícil dos problemas da sombra estavam relacionados.

A sombra pode conter qualidades que precisam ser integradas em favor de uma estrutura mais abrangente do ego. Isso é frequentemente observado em sonhos com figura de sombra agressiva, que se faz necessária para compensar um ego vígil manifestamente passivo, embora a configuração inversa também possa ser vista – figura da sombra de natureza mais dócil ou complacente que o ego vígil.

Anima/animus

A *anima* ou *animus* tem primordialmente a função de ampliar a esfera pessoal, que inclui o "espaço" interior do ego, da *persona* e da sombra, assim como o da *anima* e do *animus*. Isso, muitas vezes, é realizado através da projeção numa figura do sexo oposto no mundo exterior, mas também pode ocorrer pela mediação dessa figura em sonhos e fantasias. Os contos de fadas constituem uma rica fonte de imagens de *anima* e *animus*. A dependência excessiva da atividade da *anima* (num homem) ou do *animus* (numa mulher) empobrece o ego. Na vida vígil, a presença da *anima* ou do *animus* é evidente quando se alimenta uma emoção ou um pensamento com alguma tenacidade emocional, mas de maneira impessoal. Sentimentos e opiniões que se expressam em termos de "tem de ser" ou "deve ser" – baseados em regras coletivas e generalizadas de comportamento aceitável ou em estereótipos masculinos e femininos – provêm, com frequência, das partes inconscientes da *persona* ou da *anima/animus*. Isso pode ser reconhecido com precisão porque a qualidade do sentimento ou da opinião é impessoal e pode ser dirigida a outra pessoa, mas não existe discriminação entre a realidade dessa outra pessoa e a fantasia projetada do que ela "deve" ser.

No processo de retirar projeções da *anima* ou do *animus*, o ego pessoal é ampliado, aumentando a extensão da consciência. Quando não é retirada a projeção sobre, por exemplo, uma pessoa amada, isso pode redundar em relacionamento amargurado e superficial – a pessoa outrora amada não corresponde às expectativas ou se descobre que ela não é a pessoa prometida pela projeção. Se a projeção é retirada e seu conteúdo passa a fazer parte do mundo subjetivo do ego projetante, poderá ainda haver lugar para um bom relacionamento pessoal com a pessoa antes vista predominantemente em termos da projeção.

Os sonhos de duas mulheres mostram excessiva dependência do *animus*, em vez de desenvolverem a força necessária, no próprio ego. A primeira mulher sonhou que estava descendo uma longa escada numa aula de balé, usando certos passos coreográficos. Um homem veio ajudar. Ele a carregou escada abaixo enquanto ela tentava movimentar os pés como se estivesse realmente dançando, degrau após degrau. A paciente contou: "Era um esforço enorme movimentar os pés tão rapidamente, já que os degraus eram muitos e minúsculos; e não estou certa de se respeitei sempre a cadência enquanto era carregada para baixo".

A segunda mulher sonhou que estava pescando com o pai num bote, quando algo foi apanhado na linha. Embora a linha fosse a dela, o pai enrolou o carretel para içar o peixe, parecendo usar toda sua força. Durante algum tempo, ela resistiu ao pensamento de que estava dependente demais da figura paterna como *animus*, concentrando-se mais na interpretação de que o sonho mostrava que o pai estava, "enfim", fazendo algo por ela. Essa paciente era uma mulher excepcionalmente inteligente e criativa – isto é, as aptidões estavam presentes, mas inconscientes (no *animus*), não integradas na estrutura funcional tácita do ego.

Na concepção clássica, como sublinhamos antes, a *anima* tende a estar associada ao sentimento inconsciente de um homem, enquanto o *animus* é identificado com o pensamento subdesenvolvido de uma mulher. Essas generalizações sintéticas talvez fossem verdadeiras para a cultura europeia tradicional, com a qual Jung esteve em contato durante seus anos de formação, mas podem ser inverídicas para qualquer caso individual em que a configuração da *anima* ou do *animus* é determinada pela estrutura organizacional da esfera pessoal e pelo conteúdo atribuído à *persona* e à sombra durante o período de crescimento do indivíduo.

Um homem que iniciava nova fase do desenvolvimento da *anima*, quando seus sentimentos idealizados de mulheres eram pouco projetados em mulheres reais de seu meio, sonhou ter surpreendido, num rápido relance, uma mulher fantasmagórica, rindo e cantando, enquanto caminhava por um corredor em direção a um jardim. Isso parecia mostrar a *anima* como separável de suas projeções e, em certo sentido, ligada ao passado (como um fantasma).

Embora *anima* e *animus* sejam realmente não sexuais na identidade do gênero do ego, existem casos clínicos em que *anima* e *animus* são contaminados pela sombra, e, assim, o sexo da *anima* ou do *animus* é ainda mais incerto. Caso exista confusão na identidade do papel sexual do ego, pode haver um reflexo dessa confusão nas imagens oníricas da sombra, da *anima* ou do *animus*. Cumpre recordar também que esses termos estruturais são, em certa medida, generalizações: os sonhos e as imagens oníricas são mais complexos que os conceitos.

O SI-MESMO E O EIXO EGO-SI-MESMO

O Si-mesmo, centro regulador da psique, também pode aparecer em sonhos, a par de outras imagens arquetípicas. As aparições do Si-mesmo, o núcleo arquetípico do ego, indicam frequentemente uma necessidade de estabilização do ego, dado que tende a existir uma relação recíproca entre a estabilidade do ego e a manifestação do Si-mesmo numa forma estável. Se o ego está confuso e em desordem, o mais provável é que o Si-mesmo se apresente em forma muito ordenada, como uma mandala. Psicologicamente falando, uma imagem de mandala é a que enfatiza a totalidade de algo e costumeiramente mostra, com grande clareza, uma periferia e um centro. Em sua acepção histórica, o termo mandala se refere a certos símbolos de meditação muito estruturados, usados no budismo, que consistem frequentemente numa cidade quadrangular ou circular de quatro portas, com uma imagem central (o foco da meditação) e imagens secundárias à volta.

Nos sonhos, as imagens do Si-mesmo podem ser mais imprecisas, como um edifício que circunda um pátio central com uma fonte, ou como dois grandes edifícios unidos por uma ala central comum. O Si-mesmo pode aparecer como uma voz, assim como a "voz de Deus", que parece vir de "todas as partes", e, em geral, possui sentido de indiscutível integridade e correção, parecendo afirmar as coisas como na realidade são, sem lugar para discordâncias. Um exemplo clássico é o sonho a que já nos referimos, consistindo totalmente numa só frase – uma voz peremptória que dizia: "Não estás levando a tua verdadeira vida!".

É impossível organizar uma lista de possíveis imagens do Si-mesmo, uma vez que, virtualmente, *qualquer* imagem que apareça com suficiente dignidade e significado pode conter a força desse arquétipo central. Além disso, é importante distinguir entre o arquétipo do Si-mesmo e qualquer imagem arquetípica particular dele que se apresente em sonhos. Como arquétipo, o Si-mesmo é o centro ordenador da psique como um todo, um todo maior que o ego, mas com ele relacionado de modo extremamente íntimo. O Si-mesmo como totalidade da psique é o campo generativo do processo de individuação. Mas também é o padrão arquetípico em que se baseia o desenvolvimento do ego. Conceitualmente, a qualidade centralizadora de toda psique é o Si-mesmo, ao passo que a qualidade centralizadora da consciência (e da esfera pessoal) é o ego. Quando falamos do Si-mesmo em sonhos, estamos considerando-o, na realidade, uma imagem arquetípica da boa ordem da psique como um todo. No sonho, qualquer imagem arquetípica do Si-mesmo é uma imagem dessa totalidade, tal como é percebida do ponto de vista de determinado ego onírico. Quando o conteúdo do ego muda, o mesmo pode ocorrer à imagem do Si-mesmo, embora a relação entre eles sempre continue a ser a do centro da consciência (ego) com o centro da psique (Si-mesmo).

O eixo *ego-Si-mesmo* é uma expressão por vezes usada para descrever a relação entre o ego e o Si-mesmo. Há certas objeções a essa expressão, principalmente ao aspecto estático implícito na palavra "eixo". A relação real entre ego e Si-mesmo é mais inconstante e variada. Pessoalmente, prefiro a expressão *espiração ego-Si-mesmo* (do latim *spirare*, respirar, exalar), que enfatiza o fluxo, semelhante ao movimento respiratório, alternado entre o ego e o Si-mesmo.

Em sua autobiografia, Jung relata dois de seus sonhos para ilustrar a relação essencialmente enigmática entre o ego e o Si--mesmo. Num dos sonhos, Jung apercebeu-se de que estava sendo projetado por um disco voador, não o inverso. No segundo, Jung sentiu ser ele próprio uma figura onírica no sonho de um meditativo iogue, que também tinha o rosto de Jung. "Eu sabia que, quando ele despertasse, eu deixaria de existir".[14]

Esse movimento, ou movimento potencial, entre o ego e o Si-mesmo pode ser visto nos sonhos que enfatizam a imagem onírica sendo observada por (ou dependente de) algo maior e mais poderoso que ela própria. Por exemplo, um homem na casa dos quarenta anos sonhou que estava num pequeno barco fazendo um cruzeiro e, no meio da baderna com os amigos, caiu ao mar. Quando começou a nadar de volta para o barco, este se converteu num enorme transatlântico. Então ele parou porque ouviu um som estranho. Percebeu que se tratava de uma grande baleia, a uns vinte ou trinta metros abaixo da superfície da água. Por um momento, "viu-se" na superfície do oceano, como se ele mesmo fosse a baleia. Sua forma superficial parecia ser "não mais que a de uma barata-d'água". Ficou atento, como se algo de grave pudesse acontecer, mas não havia medo, e a grande baleia não era particularmente ameaçadora.

Nesse sonho, a identidade de um ego um tanto adolescente (excursão com amigos baderneiros num pequeno barco), ao entrar em contato com o inconsciente (oceano), torna-se, de súbito, consciente de que é, em certo sentido, o objeto de um sujeito superior (a baleia). Ao mesmo tempo, o antigo veículo do ego onírico (o pequeno barco) transforma-se num grande transatlântico. Portanto, a imagem do ego em contato com a água sente-se como estando situada entre dois pontos de vista maiores que ela própria – a baleia no oceano e o transatlântico, construído pelo homem, na superfície. A atitude adolescente (*puer*) está sendo delicadamente compensada, e algo admirável, mas não ameaçador, parece prestes a acontecer.

AMPLIAÇÃO ARQUETÍPICA

As imagens arquetípicas em sonhos indicam, muitas vezes, mudança de rumo no desenvolvimento do ego ou compensam uma estrutura do ego formada de modo inadequado. Como existe um núcleo arquetípico por trás de todo e qualquer complexo, é sempre possível ampliar qualquer motivo na direção de seus alicerces arquetípicos. A ampliação arquetípica, entretanto, deve ser usada com comedimento no contexto clínico. Um indesejável e até perigoso efeito colateral da excessiva ampliação arquetípica é o fascínio por imagens inconscientes e seus significados arquetípicos. Esse fascínio pode nos afastar do processo de individuação, que requer que se encontre um significado pessoal entre as muitas possibilidades arquetípicas oferecidas tanto no inconsciente quanto no mundo coletivo exterior. (Com efeito, algumas pessoas se apresentam orgulhosamente para a análise junguiana, acreditando que seu já íntimo contato vígil, que Jung chamou arquétipos, é uma "qualificação" eminente, só se apercebendo mais tarde – se é que o fazem – de que esse é o mais sério problema delas. Uma totalidade *indiferenciada* é ainda inconsciente.)

Por questão de ordem prática, o analista só está apto a interpretar as imagens arquetípicas que podem ser identificadas como tais. Isso depende, em grande parte, de vasta familiaridade com a mitologia, o folclore e a religião, repositórios de imagens significativas, suficientemente expressivas a uma longa sucessão de pessoas, para serem transmitidas durante extensos períodos de tempo e inseridas em tradições escritas.

Por vezes, existem imagens oníricas que só podem ser ampliadas significativamente com associações arquetípicas.[15] Com maior frequência, as imagens arquetípicas são muito evidentes nas formas culturais familiares. No sonho seguinte, por exemplo, há certo número de imagens e motivos que podem ser considerados de uma perspectiva arquetípica: tartaruga (símbolo de totalidade, fundação do mundo); ovo (símbolo de origem, o ovo cósmico); o misterioso movimento de "um" para "dois"; a conexão de filhote e mãe; e a voz misteriosa que diz verdades indiscutíveis.

Vi uma refulgente carapaça de tartaruga na praia. Havia perto um ovo de pássaro e também ele era brilhante como a carapaça da tartaruga. Uma voz desencarnada falou: "Parece um ovo, mas, se o colocares em tua mão, serão dois ovos". A voz soava em tom peremptório, como se fosse um deus falando. Apanhei o ovo, que misteriosamente eram dois ovos. A voz disse que ambos chocariam, e que haveria um pássaro-mãe e um filhote, e que este encontraria seu caminho para a mãe. Então vi o filhote caminhando aos tropeções na praia, na direção da mãe.

Apesar das muitas possibilidades arquetípicas para ampliação, esse sonho foi inserido na série de sonhos em que ocorreu sem qualquer ênfase especial. Poderia ter sido interpretado em termos do desenvolvimento arquetípico da relação mãe-filho (um ovo transforma-se em dois; um é o filho, o outro é a mãe), com infinito número de adornos extraídos da religião e da mitologia. Mas o efeito do próprio sonho foi suficiente para encaminhar a mulher que o teve, no sentido da resolução de uma profunda dificuldade com a imagem da mãe, modificando seu relacionamento com a mãe pessoal (que se tornou menos problemático) e com o próprio papel de mãe de seus filhos (que também melhorou). Em pouco tempo, houve outro sonho, que mostrava que ela deveria retirar rapidamente os "andaimes" desnecessários em torno de um edifício, a fim de impedir uma perigosa explosão. Ao analista, isso pareceu confirmar sua decisão de não ampliar o sonho anterior, considerando que a finalidade ou mensagem do sonho era mais bem tratada em nível mais pessoal e, em todo caso, já fora ouvida.

Capítulo 7

TEMAS ONÍRICOS COMUNS

É impossível apresentar uma lista enciclopédica de motivos oníricos e seus significados usuais. A tentativa de sua elaboração significaria caminhar na direção de um "livro de receitas" de interpretação de sonhos, o que seria tão enganoso quanto impróprio.

Todas as imagens oníricas são contextuais. A mesma imagem pode significar coisas diferentes em sonhos diferentes da mesma pessoa, e isso ocorre, por certo, quando a mesma imagem é sonhada por pessoas distintas. O terapeuta experiente sabe que qualquer discussão de motivos oníricos não pode, em princípio, ser exaustiva, mas serve apenas para exemplificar um estilo e as possibilidades de interpretação, que *podem* ser úteis em contextos totalmente diversos. A análise e a supervisão pessoais dos próprios casos de um psicoterapeuta por um hábil intérprete de sonhos com *background* em psicologia de profundidade continuam sendo os métodos mais diretos e práticos para aprender a trabalhar clinicamente com os sonhos.

Os exemplos aqui apresentados devem ser considerados, portanto, apenas como ilustrações de casos específicos, que podem fornecer pistas para outros casos, que diferem sempre nos detalhes e significados particulares.[16]

INCESTO

O aparecimento do incesto em sonhos não é necessariamente um sinal negativo. Antes de cruzar o Rubicão e marchar sobre Roma, César teve um sonho de incesto com a mãe, interpretado (corretamente, segundo todas as probabilidades) como indicativo de que a "Mãe" Roma o receberia com alegria e não resistiria. No antigo Egito, o incesto entre irmãos régios era considerado apropriado, quando não requerido, refletindo o incesto irmão-irmã inerente ao mito arquetípico de Ísis e Osíris. O incesto, num sonho, pode representar um contato do ego onírico com o significado arquetípico personificado por um dos pais ou irmãos, contato suscetível de resultar em algum distanciamento excepcional dos pontos de fixação nas áreas pessoais da psique. Analogamente, o incesto com um irmão do mesmo sexo indica, quase sempre, a necessidade, por parte da pessoa que tem o sonho, de assimilar qualidades inconscientes da sombra – ou de mostrar que isso já está acontecendo.

No lado negativo, os motivos de incesto envolvendo os pais podem sugerir que a imago materna ou paterna está subentendida em complexos mais pessoais e interfere na realização da *conjunctio*, emparelhamento equilibrado de elementos masculinos e femininos, frequentemente expresso em imagens sexuais. Por exemplo, um homem que tivera dificuldades em muitas relações com mulheres desde o divórcio de uma esposa fria e controladora, sonhou ter encontrado a própria mãe quando ela tinha uns cinquenta anos (ele, nessa época, estava na casa dos cinquenta). Beijou a mãe e, ao fazê-lo, sentiu a vagina dela vibrando de energia sexual. Isso não o embaraçou no sonho, mas, quando acordou, sentiu-se perturbado.

Esse sonho ajudou a identificar um elemento incestuoso em suas relações com as mulheres; além disso, foi uma ajuda para o reconhecimento da divisão madona/prostituta em sua psique, baseada parcialmente na superidealização da mãe, a quem ele considerava assexuada.

LUTO

Os processos de luto parecem se manifestar naturalmente nos sonhos. Em uma perda sem complicações, o ente querido morto pode aparecer como se estivesse vivo, decrescendo gradualmente a frequência dos sonhos (e seu significado simbólico muitas vezes aumentando), à medida que o processo de luto caminha para uma conclusão saudável, via de regra de seis a oito meses após a morte. Nos casos de luto prolongado e patológico, quando o sobrevivente é incapaz de ou reluta em aceitar a morte da pessoa amada, as imagens do sonho mostram, amiúde, o falecido numa luz negativa, ou como se estivesse tentando abandonar o ego onírico.

Por exemplo, uma mulher com sérias dificuldades parentais passou por um prolongado e difícil período de luto após o suicídio do marido, a única pessoa a quem se sentira emocionalmente ligada. Muitos sonhos mostraram que ele estava morto de fato, que ela não deveria tentar segui-lo na morte, que não havia lugar para ela ser sepultada ao lado dele etc. Um dos últimos desses sonhos, vários anos após a morte do marido, ocorreu depois mesmo de ela ter voltado a se casar (sem muito êxito).

Nesse sonho, ela estava divorciada do falecido marido, que tinha outra esposa. O ego onírico queria um filho, mas seu marido fizera uma vasectomia (o que não fizera na vida real). Ele foi desfazê-la, mas, de qualquer modo, foi feita uma nova vasectomia. Então, o ego onírico quis uma vasectomia, mas o cirurgião observou que a mulher não tinha testículos. Ela e o marido concordaram que a praia em que estavam não era tão atraente quanto aquela onde haviam passado a lua-de-mel. Uma grande onda, da altura de dois andares, estava se aproximando e nela vinha uma coisa "de pele vermelha", como "o interior de um corpo feminino", o que lembrou o ego onírico de um sonho de muito tempo atrás acerca de uma criatura marinha.

O sonho contém inúmeros motivos que indicam ser fantasioso e mesmo perigoso esse apego obstinado ao casamento: o marido está divorciado e voltou a se casar; há a possibilidade de filhos (novos desenvolvimentos entre eles); há uma onda ameaçadora (conteúdo inconsciente) etc.

CASAS

As casas comumente aparecem nos sonhos como imagens da psique. Muitas vezes, há quartos desconhecidos na casa, indicando áreas escondidas ou inexploradas da estrutura potencial do ego do paciente. As distinções entre as partes de uma casa podem ser simbolicamente importantes: o porão, o sótão, o telhado, as varandas, os quartos de dormir etc. As cozinhas, por exemplo, são o lugar de transformação de alimento cru em pratos cozidos; nos sonhos, elas têm, por vezes, o caráter do laboratório alquímico, lugar das mais profundas transformações. Os banheiros, nos sonhos, podem se referir à "eliminação" ou à dificuldade em "soltar". Às vezes, o mero cenário de uma ação onírica numa certa casa do passado permite inferências quanto à origem dos complexos envolvidos.

A própria casa pode simbolizar as várias partes da estrutura do ego, como no sonho de um homem que começou a experimentar um sentimento de liberdade à medida que se dissipava sua excessiva e neurótica autocrítica:

> Eu estava procurando uma casa. O cenário era como o
> oeste do Texas, com vastos horizontes e um céu sem fim.
> Era um belo dia. Entrei numa casa que estava no meio de
> uma área de vários hectares. Era uma casa usada, confor-
> tável, com piscina. Circulei pela casa, observando-a.

Na mesma sessão em que relatou esse sonho, descreveu uma mudança de sentimento em sua vida cotidiana. Embora a mudança não fosse espontaneamente associada ao sonho, tinha quase o mesmo tom afetivo, sugerindo que a estrutura tácita do ego, tal como é refletida no sonho, também estava sendo vivenciada num estado emocional mais descontraído em sua vida comum. Ele se descreveu como mais estável, menos agressivo sexualmente e em relação a outros assuntos, não lhe desagradando tanto sua esposa e sentindo que quase já não estava funcionando mais na base do que pensava que os outros queriam dele. Também sentiu uma mudança no relacionamento com as outras pessoas, porque "já não tenho de *provar* algo".

AUTOMÓVEIS

Automóveis e outros meios de transporte e viagem são outras imagens que parecem indicar a estrutura do ego ou o modo como o este se movimenta através das várias atividades da vida. A diferença entre caminhar e andar de automóvel é uma significativa mudança simbólica, tal como é a distinção entre o próprio carro de uma pessoa e a natureza coletiva de um ônibus. Os trens, em oposição aos automóveis e aos ônibus, estão colocados em trilhos fixos, sem a opção de se movimentarem mais ou menos à vontade; por conseguinte, tendem a ser associados a atividades compulsivas ou habituais. Estreitamente relacionadas aos automóveis estão as ruas e as rodovias, onde as distinções devem ser assinaladas no tocante às dimensões delas, à direção do movimento do ego onírico, se no sentido do tráfego ou no contrafluxo, às dificuldades de encontrar a entrada para uma artéria desejada, bem como meios-fios, valetas, buracos no pavimento etc.

Em nenhuma parte a natureza contextual dos símbolos oníricos é mais evidente que em todas essas variações do tema transporte. O automóvel pode até simbolizar o amor-próprio (ponto que os publicitários não desprezaram). Por exemplo, uma mulher jovem sonhou:

> Enquanto guiava num estacionamento subterrâneo, bati na lateral de outro carro. Saí e comprei um carro *realmente* pequeno. Depois, percebi que não *queria* abandonar meu velho carro.

Ao discutir o sonho, ela ligou, de maneira pouco eficaz, as imagens a um modo habitual de enfrentar o estresse. Quando sentia que cometera um erro, queria "fugir ou reabilitar-se". "Não me aceito muito", admitiu ela. O sonho parecia uma oportunidade de compreender que a autorrejeição por erros e acidentes não era necessária.

O importante significado simbólico de um automóvel no sonho depende de ele pertencer (ou de ter pertencido) à pessoa que tem o sonho ou ser de outrem. Uma significação semelhante prende-se à posição que o ego onírico ocupa no automóvel. A posição mais apropriada seria, geralmente, o assento do motorista, de onde a pessoa está apta a determinar o rumo, a velocidade e a direção do movimento. Se o ego onírico não é mostrado na posição de condutor, é importante notar quem *está* no controle do carro (por vezes não há ninguém). Onde se senta o ego onírico? Atrás do motorista? No banco da frente, ao lado do motorista? Em algum outro lugar? Entre outras figuras? Fora do carro? Recorde-se de que o Si-mesmo, ao produzir o sonho, coloca o ego onírico numa posição particular na cena de abertura, o que permite adquirir substancial quantidade de informações a partir de uma questão simples, como a disposição inicial dos assentos em um automóvel.

Nunca se enfatizará demais a importância simbólica de tais detalhes, que parecem insignificantes nos sonhos. Os pacientes, com frequência, não relatam espontaneamente esses detalhes, assemelhando-se a memória do sonho mais a como ele "deve" parecer que à descrição do modo como realmente se apresentou ao ego onírico. A investigação cuidadosa é sempre importante, mas deixar o paciente preencher no sonho detalhes sobre o que "provavelmente" havia nele seria como preencher um relatório médico com o que "provavelmente deveria" aparecer quando não existem dados. Os sonhos são tão singulares, tão individuais na relação com o ego vígil que é preferível saber claramente que *não* se dispõem de dados acerca de determinado motivo que pensar que se possui uma imagem verdadeira proveniente do sonho, quando se trata, na realidade, de uma interpelação do ego vígil da pessoa que sonhou. Os pacientes que, inquiridos, acrescentam esses detalhes "prováveis" estão tentando ser úteis, mas não avaliam a sutil especificidade do sonho.

ÁLCOOL E DROGAS

Imagens de uso de álcool e drogas aparecem em sonhos, em especial quando existe algum problema com eles em estado vígil. A viciação química é notoriamente difícil de ser tratada por meios psicológicos e costuma requerer técnicas mais "primitivas", como a pressão e o apoio de grupo. (Lamentavelmente, essas abordagens são, com frequência, bem-sucedidas em termos do vício, mas interferem numa compreensão mais sutil dos processos psicológicos, como se todos os problemas de uma pessoa pudessem ser resolvidos mediante a abstenção do álcool ou das drogas.) Contudo, quando os sonhos são acompanhados de perto, é possível, por vezes, discernir o inconsciente pronto para uma mudança no padrão de viciação – sugerindo, apoiando ou até pressionando –, antes de serem tomadas quaisquer medidas pelo ego vígil.

Um homem que fora alcoólatra por muitos anos e abandonara a bebida decidiu permitir-se um ocasional e "inofensivo" copo de vinho com os amigos. Seus sonhos em duas dessas ocasiões desaprovaram o ato claramente, tal como o fizeram quando ele se permitiu tomar remédio para dor que não lhe fora receitado. Outro homem, cujo consumo de álcool aumentara lenta e insidiosamente, sonhou, quase um ano antes de ele ter decidido enfrentar a possibilidade do alcoolismo, que essa iniciativa era imprescindível, já que o motivo, a perda do automóvel, estava associado à ingestão de álcool. Ainda mais tarde, com o problema do álcool por resolver, ele sonhou que seu dedo anular e a aliança de casamento nele tinham encolhido para a metade do tamanho, o que ele interpretou como lhe mostrando "não ser ele o homem que deveria ser". Na mesma série de sonhos, uma mulher negra tentou agradar-lhe sexualmente a fim de lhe vender por seis dólares e oitenta e cinco centavos meio litro de leite que não precisava de refrigeração, o que ele sentiu que poderia se referir a litros de uísque. A mulher, no sonho, não tinha nenhum interesse real nele, tão somente o de lhe vender o leite a um preço evidentemente excessivo.

Uma mulher que fazia corajosa tentativa de abster-se do álcool relatou dois sonhos na mesma noite, que ela associou à luta contra a bebida. No primeiro sonho, ela perdeu a bolsa (identidade feminina) submersa em água (inconsciente), mas voltou a encontrá-la, e tudo estava intacto, embora molhado. Ela relacionou o "molhado" à "secagem" do álcool. No segundo sonho, estava perdida num subúrbio, mas sabia ser capaz de encontrar o caminho para casa – também um bom sinal prognóstico do bem-sucedido desfecho da resolução de não beber.

Um exemplo impressionante é o caso de um homem de trinta e poucos anos, cujo uso de maconha embotara seu raciocínio e punha em perigo seu casamento. Pouco depois de iniciar a análise, teve uma série de sonhos em que multidões erguiam grandes cartazes e até faixas proclamando: NÃO FUME MACONHA.

MORTE

A morte em sonhos – incluindo homicídio e perda de parentes – deve ser considerada cuidadosamente no contexto, pois a morte de figuras oníricas quase nunca se refere à morte real; aponta, isto sim, para o profundo processo arquetípico de transformação.

Um homem que se debatia com notáveis problemas edipianos era incapaz de marcar encontros satisfatórios com mulheres, embora não tivesse dificuldade nenhuma de tratar responsável e autoritariamente suas relações de negócios. Quando começou a melhorar, manifestou-se particularmente orgulhoso de uma situação em que ele e o irmão estiveram com duas mulheres. O irmão foi para um quarto com uma delas, mas o analisando, embora se sentisse pressionado a fazê-lo, não quis ter intercurso com a mulher que estava com ele. Pôde francamente confiar-lhe seus sentimentos, uma vitória para ele em termos de afirmação da independência quanto à crença "machista" coletiva de que os homens são sempre sexualmente agressivos, suposta norma que ele, em todo caso, honrara mais em fantasia que na realidade.

À medida que vivenciava uma sensação de liberdade em relação aos papéis edipianos compulsivos, teve dois sonhos separados em que assassinava os pais. Ora, parricídio e matricídio são crimes verdadeiramente repulsivos, mas, no contexto de sonhos que ocorrem no seio de um processo dinâmico, podem simbolizar alteração nas imagos parentais internas, como parecia ser o caso. O primeiro sonho mostra, de modo bastante dramático, como uma imagem "morta" num sonho pode reaparecer em estado transformado:

> Matei meu pai, que estava me ameaçando. Mantive-o debaixo d'água até se afogar. Mais tarde, no sonho, ele ainda estava vivo, mas já não constituía uma ameaça para mim. Depois, conviveu comigo de maneira solícita.

A figura no sonho não se parecia com seu pai real, uma pista para sua identificação como personificação de um complexo pessoal. Em associações, ele descreveu o pai como um homem "carente de emoções, de mentalidade fechada, mas estável". No segundo sonho, ele matou a mãe; porém, quando acordou, "não se lembrou" de nenhum detalhe.

Em geral, a morte de imagos parentais em sonhos aponta para uma mudança radical na estrutura edipiana de complexos que interferem regularmente na realização de firme postura pessoal. Quando o próprio ego onírico "mata", isso pode mostrar o grau em que a pessoa está ativamente envolvida no próprio processo.

SERPENTES

As serpentes aparecem em sonhos nas variadas formas que exemplificam os inúmeros significados arquetípicos que podem ser veiculados por um único tipo de imagem. Às serpentes evidentemente pode ser atribuído significado fálico (ou serem até literalmente associadas ao pênis), mas isso é apenas parte de sua força simbólica. Jung considerou que as serpentes podiam, por vezes, representar o sistema nervoso autônomo, noção deveras interessante à luz das recentes pesquisas cerebrais que se referem ao núcleo do tronco cerebral humano como o "cérebro-réptil" (em oposição ao mais elaborado cérebro mamífero e à expansão exclusivamente humana do córtex cerebral).

Com frequência, as serpentes parecem representar apenas a energia instintiva, sobretudo quando estão presentes em grande número, como em um sonho de serpentes coleando pelas calçadas do campus de uma universidade, mas não pelas ruas, que eram seguras. A serpente também pode estar associada à sabedoria; à cura de doenças (como no bastão de Asclépio, emblema dos médicos); a venenos e perigos; ao ato de provar a si mesmo (como nos cultos que envolvem a manipulação de serpentes); ou mesmo como prefiguração de um valor muito mais elevado —

como a serpente de bronze no Antigo Testamento, alçada no deserto e vista como prefiguração do Cristo.

Esses múltiplos significados possíveis (e há muitos outros) mostram a riqueza e a natureza multifacetada das imagens arquetípicas. Em qualquer caso particular, é importante descobrir um significado mais individualizado, mais pessoal, com base nas associações do próprio paciente; isso evita o reducionismo arquetípico de ler arbitrariamente apenas um dos possíveis significados (ou de ler um número exagerado de significados) da imagem onírica.

Um sacerdote, por exemplo, sonhou que visitava um museu e viu uma serpente embalsamada num ambiente natural simulado. A cena mudou depois, e ele estava segurando uma cobra cascavel por baixo da cabeça, de modo que ela não pudesse mordê-lo. Mas o réptil contorcia-se e revolvia-se, assustando-o, e ele o soltou – ato de pânico que aumentou o perigo real da situação. Essas duas cenas já sugerem um conflito com o que é simbolizado, seja o que for, pela serpente, porque mostram o mesmo conteúdo a uma distância segura do ego onírico (a serpente embalsamada no museu) e a uma distância mais perto e mais assustadora (quando ele está segurando uma cobra viva). Sua associação pessoal foi com uma riúta [pequena cobra africana inofensiva], seu "animal de estimação" quando tinha uns dezoito anos. Isso acarretou uma série de associações sobre masturbação, sugerindo que a serpente, nesse caso, seria mais adequadamente tomada no significado fálico, com forte ambivalência acerca da sexualidade.

O mesmo paciente teve dificuldade em lidar com uma caixa de serpentes de borracha, quando trabalhou numa projeção com tabuleiro de areia. Recordou-se de que tivera de se abster da prática de masturbação durante dois meses, antes de se permitir contar a alguém que desejava abraçar a carreira sacerdotal, e absteve-se durante um ano inteiro antes de um exame decisivo no seminário. Lembrou-se de que o pai lhe falara da abstinência da masturbação como "virtude angélica". Certa vez, contou ao superior no noviciado, com medo e tremendo, que se masturbara no chuveiro (o superior respondera-lhe apenas: "Esqueça").

Podemos ver, nesse caso, que o sonho da serpente trouxe para o primeiro plano conflitos que, em grande parte, eram gerados internamente. Em análise, o sonho não foi interpretado em toda a extensão, mas usado como trampolim para a discussão de seus persistentes conflitos sexuais.

Capítulo 8

A MOLDURA DO SONHO

Na maioria dos sonhos, a moldura do sonho não entra em questão. Via de regra, o sonho constitui, obviamente, um tipo de experiência, e a vida vígil, outro, de modo que o sonho é apenas recordado, analisado e colocado no contexto vígil como compensação do inconsciente à atitude vígil. Por vezes, entretanto, o próprio sonho suscita a questão da moldura correta para seu entendimento. Isso ocorre em dois casos principais: (1) o sonho dentro de um sonho e (2) quando se sonha com coisas "exatamente" como se apresentam na realidade. A questão também é suscitada por referências, em sonhos, ao tempo e ao espaço e por fenômenos sincronísticos.

O SONHO DENTRO DE UM SONHO

Num sonho dentro de um sonho, como sonhar que se está sonhando, um "despertar" pode ocorrer no sonho. O caso mais complexo que observei foi um sonho em que o ego onírico "acordou" para um "estado vígil", para se encontrar (ego onírico número dois), ainda no sonho, do qual acordou para outro "estado vígil" (ego onírico número três), daí para a verdadeira vida vígil.

O sonho dentro de um sonho mostra, na estrutura tácita do ego, mudanças mais complexas que o usual. Cada "ego vígil" que está no estado adormecido e onírico mostra, ao que parece, uma possível integração, que pode ser realizada pelo indivíduo sem chegar totalmente a estabelecer um relacionamento direto entre o ego onírico e o ego vígil. É como uma máscara sobre uma máscara, de modo que o primeiro desvendamento não revela o verdadeiro ego. A teoria freudiana clássica considerou que os sonhos estavam disfarçados, sendo que um sonho de um sonho poderia ser logicamente aceito como uma versão não disfarçada do sonho "latente" encoberto; essa interpretação obedeceria às regras da estrutura gramatical, em que um duplo enunciado negativo se converte numa asserção positiva. Não existe nenhuma "fórmula" junguiana similar para tratar do sonho dentro de um sonho, mas essas mudanças em um sonho podem ser encaradas como movimentos de várias organizações do ego, algumas das quais reivindicam para si mesmas o *status* de plena consciência vígil, embora a complicada estrutura onírica revele serem elas apenas integrações parciais.

Em certa medida, o sonho dentro de um sonho é a mais complexa forma da mudança frequente de cena para cena em um único sonho. No sonho dentro de um sonho, é como se a ação mudasse de um "palco" inteiro para outro, de modo que o primeiro sonho parece ter acontecido num palco menor contido no palco maior do sonho seguinte. Entretanto, na usual fenomenologia dos sonhos, as mudanças de cenas ocorrem no mesmo "palco".

A interpretação dessa complicada estrutura onírica deve ser empreendida com cuidado, e jamais uma abordagem rígida será adequada. Tais sonhos tendem a exemplificar uma verdade raramente apreciada: o processo de individuação, em sua fina estrutura, assemelha-se à criação de um "novo mundo", não apenas uma revisão do ego no antigo mundo existente. Não é somente o ego que muda – toda a estrutura do "mundo" se altera, incluindo o papel de outras pessoas significativas. Essa é a razão pela qual, quando um cônjuge se submete à análise, o outro costuma ficar temeroso de que isso signifique o fim da relação – o que pode acontecer se houver movimento numa pessoa e não na outra, ou se a pessoa em análise identifica equivocadamente o antigo mundo com o cônjuge, solução psicologicamente mais simples (mas, em geral, menos valiosa) que o surgimento de um mundo mais vasto, no qual o velho mundo está contido e relativizado.

SONHOS COM A REALIDADE COMO ELA É

A moldura do sonho também é posta em questão quando uma pessoa sonha com a realidade "exatamente como ela é". Se o sonho é de uma situação traumática real, claro que a duplicação exata é suscetível de ser realizada com a finalidade de domínio final daquilo que oprimiu o ego no evento traumático original. Entretanto, os sonhos usuais da realidade como ela é não surgem em relação a eventos traumáticos e, portanto, requerem alguma outra explicação.

Com frequência, a descrição do sonho é equivocada, e numa investigação cuidadosa há elementos simbólicos significativamente diferentes da realidade da vida vígil do indivíduo. O "sonho" também poderá não ser, na verdade, um sonho, pois há níveis de consciência durante o sono em que os sonhos se assemelham mais a pensamentos vígeis. O movimento dentro dessa espécie de "pensar-sonhar" ocorre provavelmente com uma mudança do sono REM para outras fases. Alguns relatos de mentação em estados meditativos caracterizados pelas ondas teta no eletroencefalograma assemelham-se a esses devaneios; isso pode ser uma explicação para os chamados *sonhos lúcidos*, nos quais o ego onírico sabe presumivelmente que está sonhando e tem algum controle sobre o conteúdo do sonho (um estado que, entretanto, ainda não vi convincentemente demonstrado).

Um possível significado simbólico de um sonho que parece ser uma reprodução exata da situação vígil é que o inconsciente pretende que essa situação seja considerada *como se fosse* um sonho. A própria situação vígil poderá ser vista numa perspectiva mais simbólica; em termos de compensação, isso significaria colocar a situação real num contexto mais amplo que sua natureza cotidiana evocaria usualmente.

REFERÊNCIAS TEMPORAIS E ESPACIAIS

É incomum um sonho indicar diretamente que a ação ocorre no passado ou no futuro. O sonho apenas se desenrola como se fosse no tempo presente. Com base no conteúdo, entretanto, geralmente é possível colocá-lo numa determinada moldura temporal. Um ambiente ou uma pessoa do passado incluído na ação presente mostra, com frequência, a necessidade de explorar certo segmento da experiência pretérita do paciente. Inversamente, imagens do futuro podem ser representadas por imagens de outro mundo, de outra dimensão ou de um lugar exótico.

O sonho com pessoas cultural ou tecnologicamente avançadas do espaço exterior poderá indicar o surgimento potencial de conteúdos do inconsciente (espaço exterior) e simbolizar desenvolvimentos futuros do próprio ego do indivíduo. (Em sua tese de doutorado, Jung assinalou que as várias figuras que aparecem no estado mediúnico poderiam ser prefigurações de possíveis desenvolvimentos futuros da personalidade do médium.)[17]

Por exemplo: um homem sonhou que o que lhe havia parecido ser um fenômeno natural no céu era, na realidade, uma espaçonave que pousara. O ego onírico fazia parte da delegação de boas-vindas na Terra e caminhava com os homens vindos do espaço. Passaram por um grande computador, e o ego onírico percebeu que "nosso computador estava falando com o computador deles". A cena parecia toda ela amistosa e cordial. No contexto, esse sonho sugeriu que a reorganização psicológica que estava ocorrendo não proveio da assimilação do passado, mas de pressão interior de possibilidades futuras.

Por vezes, é claro, os seres ou coisas do "espaço exterior" podem parecer maléficos ou ser mais primitivos – no contexto do sonho –, caso em que o analista e o analisando devem acautelar-se para a possibilidade da erupção potencial de impulsos arcaicos.

FENÔMENOS SINCRONÍSTICOS

Sincronicidade foi o termo usado por Jung para descrever a ocorrência quase simultânea, no tempo, de dois eventos, um interior e outro exterior, que parecem ter o mesmo significado.[18] Jung deu como exemplo um besouro que voou para dentro do consultório justamente quando ele discutia o sonho recente de um paciente com um escaravelho. Os fenômenos sincronísticos enquadram-se na mesma categoria dos eventos estudados pelos parapsicólogos, denominados telepatia, clarividência, psicocinese etc.

Em sua coleção de eventos parapsicológicos ou eventos *psi* espontaneamente relatados, Louise Rhine descobriu que a maior categoria estava associada à atividade onírica, como os sonhos do futuro (sonhos precognitivos) ou aqueles que continham informações desconhecidas do ego vígil (sonhos precognitivos ou telepáticos).[19] Isso, por certo, é compatível com a generalizada crença popular de que os sonhos podem predizer o futuro ou fornecer informações desconhecidas da personalidade vígil do indivíduo que os tem. As melhores provas experimentais sobre fenômenos *psi* em sonhos estão contidas nos estudos laboratoriais relatados por Ullman, Krippner e Vaughn em *Dream Telepathy*.[20]

Quando os sonhos ou eventos sincronísticos ocorrem em psicoterapia, requerem conhecimento e tratamento especiais, pois é fácil esses eventos suscitarem na mente do paciente a ideia de que o analista está, de algum modo, envolvido neles (a sombra xamanista do terapeuta). Também é importante que o analista tenha alguma compreensão dos possíveis significados dos fenômenos sincronísticos. Embora muitos terapeutas e analistas ignorem tais eventos, considerando-os mera casualidade ou acaso, eles podem ser muito úteis quando tratados com seriedade.

Em nível teórico, a ocorrência de sonhos sincronísticos é prova evidente de estreita ligação entre o inconsciente de uma pessoa e o de outra. Também pode ser tomada como prova de que o inconsciente é menos limitado no tempo e no espaço que a mente consciente. A própria ocorrência de um sonho sincronístico constitui alguma compensação pelo sonho para o estado limitado do ego consciente, uma vez que o sonho mostra que o ego onírico transcendeu, em certo grau, as limitações usuais do ego vígil. Isso, entretanto, é uma compensação formal baseada em pura sincronicidade e não mostra o significado do conteúdo específico do sonho.

Alguns analisandos têm sonhos frequentes verdadeiramente sincronísticos. Nesses casos, há tendência (pelo analisando e talvez também pelo analista) de focalizar excessivamente a própria sincronicidade, o aspecto compensatório formal do sonho. Mas, se se trata de um sonho precognitivo, por exemplo, poderia-se perguntar por que é precognitivo de um evento e não de outro? A resposta a essa pergunta deixa muitas vezes claro que a compensação sincronística trata de um material não necessariamente escolhido pelo ego vígil se lhe fosse oferecido o conhecimento do futuro.

Sonhos sincronísticos podem ocorrer quando há necessidade de gerar mais interesse no analista ou no paciente pelo processo de análise. Nessa função, o sonho sincronístico é semelhante, com efeito, à sexualização da transferência-contratransferência. Ele produz mais energia na situação analítica e chama a atenção para a natureza misteriosa da interação, que funciona numa profundidade e complexidade raras em relações não analíticas.

No início de meu treinamento psiquiátrico, quando a psicoterapia ainda era, para mim, uma arte nova e excitante, houve certo número de surpreendentes eventos sincronísticos que atraíram minha atenção e me fizeram considerar mais seriamente o significado dessas ocorrências *psi*. Num caso, eu estava recebendo um estudante graduado em psicologia em sua terceira sessão de terapia. Ele relatou um sonho longo e complicado, mas terminou com um policial jogando fora um pente vazio de balas e colocando uma nova carga completa na arma para continuar atirando contra um ladrão. *Precisamente* nesse ponto da ação, minha caneta esferográfica ficou sem tinta, e pedi desculpas, fui buscar outra carga na escrivaninha, coloquei-a na caneta e sentei-me de novo para escrever, sem me aperceber da semelhança entre minha ação e a do sonho. Mas o paciente a notou! Seu interesse pelo processo analítico aumentou acentuadamente com base nessa estranha ocorrência, embora não fosse seguida de outros eventos análogos.

Num outro caso, que também envolve um estudante graduado em início de terapia, o paciente nunca ouvira falar de eventos sincronísticos. Eu estivera tentando me lembrar de algo que meu dentista de infância me dissera. Pude recordar tudo, exceto o nome comercial de um produto que ele descrevera. Lembrava-me apenas de que o organismo ativo era *lactobacillus acidophilus*. No caminho para a sessão com o paciente, de manhã cedo, eu ainda me esforçava por lembrar o nome comercial do produto farmacêutico. Mal proferira dez frases em suas livres associações, o paciente iniciou uma linha totalmente nova de pensamento e, de súbito, mencionou o nome que eu estivera lutando por encontrar: *lactines granules*. Embora perplexo, nada disse ao paciente, porque não me pareceu ser útil a ele – mas isso teve o efeito de me tornar intensamente atento com esse paciente, de modo que não estivera antes.

Os sonhos sincronísticos podem ocorrer entre *quaisquer* duas pessoas e têm significado virtualmente idêntico ao de quando ocorrem em análise – isto é, compensar uma visão demasiado limitada da realidade, acrescentando atenção e energia à situação, além de qualquer significado específico que porventura seja veiculado pela estrutura e pelo simbolismo dos sonhos. Por vezes, duas pessoas intimamente envolvidas uma com a outra fazem análise com o mesmo analista, oferecendo uma oportunidade incomum para a observação de sonhos paralelos, uma das formas em que os fenômenos sincronísticos aparecem.

Num desses casos, um homem e uma mulher que tinham começado a viver juntos relataram sonhos da mesma noite com motivos de impressionante semelhança. A mulher sonhou que estava com a mãe num amplo saguão de hotel. A dona do hotel entrou com dois animais, um cão pastor-alemão e um urso de cor exótica. O urso não era ameaçador, mas o ego onírico estava assustado. Ela hesitava entre estabelecer uma conversação polida com o gerente e expressar seu medo – sentimento comum quando lidava com a mãe.

Nesse meio-tempo, seu namorado teve um longo e complicado sonho, que também ocorreu, em parte, num grande e extravagante hotel. Numa cena, um homem passou de motocicleta, com um urso no assento traseiro. O ego onírico queria acercar-se do urso, que mais tarde pareceria estar molestando um cão, mas na ocasião mostrou ser muito amistoso. Ele conheceu o treinador do urso, porém não confiou nele. Em outras cenas, o homem que teve o sonho estava preocupado com vários membros da família, incluindo a ex-mulher, a quem achava difícil enfrentar em situações emocionais.

Esses dois sonhos estão resumidos, e não é nossa intenção discutir aqui as ricas implicações psicológicas para os dois pacientes, mas sublinhar tão somente os paralelos sincronísticos: um grande e luxuoso hotel, um parente a quem é difícil expressar sentimentos verdadeiros, o cão e o urso. Esse mesmo casal teve dois outros sonhos paralelos menos impressionantes porque menos simbólicos. Numa ocasião, ambos sonharam com um amigo comum na mesma noite; em outra noite, ela sonhou que o ex-marido estava no quarto com eles, enquanto seu companheiro estava vendo esse homem caminhando perto de uma sinagoga.

É provável que alguns sonhos sincronísticos passem despercebidos porque têm explicações normais ou se apresentam como sonhos usuais. Por exemplo: uma mulher que se sentia particularmente receptiva à percepção extrassensorial estava debatendo se deveria ou não ir trabalhar, apesar dos sintomas de gripe. Pensou que estava acordada quando, de súbito, pressentiu no quarto a forma de um amigo que morrera de problemas pulmonares.

Ele estava vestido como de costume em vida e disse à mulher que era uma idiotice ir trabalhar com uma doença que poderia matá-la, como a pneumonia o matara. Com base nessa "visão", ela decidiu ficar em casa. Isso foi sincronístico ou apenas um sonho ou uma alucinação hipnagógica que dramatizou um aspecto de seu conflito? Não há como sabê-lo. Ela aceitou isso como uma visitação do espírito do amigo morto e agiu de acordo com o bom conselho que ele lhe dera. Certa vez, ela precisou falar com o irmão a respeito de importantes assuntos familiares, mas não sabia como se comunicar com ele, pois ele estava numa missão governamental secreta. Em dez minutos, entretanto, ele lhe telefonou.

Em resumo, sonhos e eventos sincronísticos, quando notados, devem ser tratados na mesma base do outro material psicodinâmico, mas com particular ênfase sobre *por que* o inconsciente usou a sincronicidade e para chamar a atenção para *quê*. Não se deve "rechaçar" a sincronicidade nem lhe atribuir valor excessivo, pois isso poderá distorcer a estrutura da análise.

Capítulo 9

O SIMBOLISMO EM ALQUIMIA

Jung estava sumamente interessado no conteúdo simbólico da alquimia, em decorrência de uma série de sonhos que o levaram a investigar a cultura quinhentista na Europa. Encontrou nos escritos alquímicos uma prefiguração da moderna psicologia de profundidade, embora com escassa diferenciação entre o liberal e o simbólico. Os alquimistas tentavam a transformação da matéria, mas não distinguiram claramente seu trabalho objetivo sobre a matéria do trabalho subjetivo sobre eles próprios. Eram propensos, portanto, a projetar suas visões pessoais de transformação nos misteriosos processos químicos que viam acontecer no laboratório.

Alguns alquimistas subsequentes, entretanto, pareciam estar conscientes de que sua arte se preocupava primordialmente com a transformação pessoal, sendo a busca não de ouro metálico, mas do "ouro" interior; por isso, usaram expressões como "nosso ouro", "água dos sábios", "corpo diamantino", "tesouro difícil de alcançar" etc. para distinguir a imagem interior da substância concreta. Jung concluiu que a psicologia de profundidade parecia não ter tido antecedentes apenas porque a alquimia fora mal compreendida, descartada como simples nota de rodapé na história da química.

Os processos de alquimia são muitos, embora, como são descritos na literatura, não sejam, em absoluto, padronizados em número ou sequência; cada um tem uma "penumbra" de imagens e operações secundárias que, quando vistas em forma diagramática, parecem um complexo mapa rodoviário com várias cidades rodeadas por outras cidades e aldeias menores.[21] Entre as operações componentes, em termos gerais, estão sete: solução, coagulação, sublimação, calcinação, putrefação, mortificação e conjunção (*conjunctio*).

Para cada uma dessas operações há paralelos psicológicos. A calcinação, por exemplo, é um método químico de aquecimento de uma substância para expulsar toda a umidade e produzir, talvez, uma mudança química; psicologicamente, está relacionada à secagem de complexos inconscientes, "saturados de água". Colocar uma substância em solução, dissolvendo-a quimicamente, é análogo ao processo psicológico de permitir que um conteúdo consciente se "dissolva" no inconsciente. O processo oposto, a coagulação, é quimicamente a precipitação de uma substância em solução e, psicologicamente, a formação de um novo complexo de ideias oriundas de uma matriz inconsciente. Uma famosa sentença alquímica, "dissolver e coagular", sugere o processo psicológico repetitivo de perceber que uma "substância" mental consistente – por exemplo, um conflito que parece insolúvel – é realmente capaz de solução apenas para ser logo substituída por outra "substância" que, por sua vez, requer dissolução.

MOTIVOS ALQUÍMICOS EM SONHOS

Há imagens e motivos oníricos que se enquadram claramente no repertório do simbolismo alquímico, e é possível discernir operações alquímicas por trás de muitas outras operações. Os sonhos em que objetos de grande valor intrínseco ou potencial são tratados de modo casual, por exemplo, sugerem a imagem alquímica da *prima materia* – substância básica e aparentemente sem valor da qual, através de operações alquímicas, é possível produzir o que é de supremo valor, variavelmente designado por pedra filosofal, elixir do sábio, *aqua vitae*, panaceia etc. As imagens oníricas de moedas de ouro encontradas entre as pedras de um riacho ou espalhadas sem que ninguém as notasse no estacionamento de um supermercado são exemplos de metáforas da *prima materia*.

O processo de *calcinatio* pode ser representado por figuras que se mantêm incólumes no meio do fogo; essas figuras podem ser humanas ou animais – em casos raros, com a aparência da salamandra que reside no fogo (outra imagem alquímica da *prima materia*). Quando as figuras admitem sua presença num incêndio (num sonho, jogando cartas no meio das chamas), isso sugere que a transformação pelo fogo (calor emocional) é necessária, por mais imprópria que possa parecer do ponto de vista do ego onírico – ou por mais dolorosa que seja para o ego vígil. Consideremos o seguinte sonho de um homem:

> Uma grande rã estava no fogo. Assemelhava-se ao Yoda do filme *Guerra nas Estrelas*. Eu estava supreso que ela permanecesse viva por tanto tempo no fogo. Ela olhou para mim. Finalmente, encolheu e ficou negra. Na cena seguinte (talvez um segundo sonho da mesma noite), é como se eu estivesse olhando através dos olhos de um aborígine, que segura uma grelha de aço sobre uma fogueira. Sobre a grelha estão um tigre em miniatura e um canguru, que lutam entre si e tentam sair da grelha. O aborígine empurra-os de novo para a grelha. Por fim, à semelhança da rã, eles encolheram e ficaram carbonizados.

As associações do paciente foram poucas: ele considerou o canguru maternal e tímido e ficou supreso com o fato de ele não ter medo do tigre. O sonho mostra a criatura semelhante a uma rã conformando-se com uma experiência da *calcinatio*, que culminava nos dois opostos incompatíveis que devem ser mantidos nessa tensão por uma estrutura primitiva do ego (o aborígine). A transformação do tigre e do canguru em substâncias "superiores" não é mostrada nesse sonho, mas, num sonho ulterior do mesmo homem, foi indicada uma preparação mais humana para a mudança, envolvendo as imagens da *mortificatio* (agonia mortal).

> Eu examinava um possível local de construção. Havia buldôzeres limpando o terreno. Um grande edifício parecia estar abandonado e seria demolido. Entrei no edifício. Parecia deserto, mas, quando cheguei aos fundos da construção, encontrei um velho sacerdote cuidando de certo número de pacientes terminais, os quais morreriam todos. Ele estava se certificando de que morreriam de maneira digna. Fui providenciar para que o edifício não fosse perturbado enquanto todos eles não tivessem saído. Depois, eu estava num helicóptero sobre o local, examinando os planos para a nova construção. Podia ver a área inteira do ar.

No início desse sonho, o homem decidiu fazer uma breve pausa na análise, o que pareceu uma decisão responsável.

O café que se transforma em líquido dourado ao circular através da máquina de filtrar sugere o motivo alquímico da *circulatio*, uma reciclagem contínua da *prima materia*. As operações alquímicas representadas em sonhos ocorrem frequentemente numa cozinha, ambiente semelhante ao laboratório alquímico.

CONJUNCTIO: IMAGENS DE UNIÃO

As imagens alquímicas mostram várias operações que culminam na *conjunctio*, a união dos opostos; por isso, as imagens de *conjunctio* em sonhos parecem clinicamente relacionadas à meta final dos processos alquímicos que as outras operações.

Nas ilustrações alquímicas de *A Psicologia da Transferência*, Jung escolheu imagens que enfatizam a qualidade humana da *conjunctio*: um rei e uma rainha são literalmente reduzidos a uma única pessoa após a união sexual, mas essa entidade unida está morta e deve ser ressuscitada pelo retorno da alma. Imagens sexuais em sonhos ajustam-se com frequência a essa operação alquímica da *conjunctio*, sobretudo quando são incestuosas ou com uma figura onírica desconhecida. Podem existir, é claro, sonhos francamente sexuais apenas compensatórios para a frustração sexual na vida vígil; o contexto é que o dirá.

Uma forma mais sutil das imagens da *conjunctio* é o motivo de casamento. O ego onírico pode ser apenas um observador no casamento, não uma das figuras principais, mostrando que os opostos a serem unidos estão fora do ego onírico (embora, talvez, na estrutura do ego vígil). Com efeito, na maioria dos casos, não é o ego onírico que passa pelo que tem sido comparado aos processos alquímicos; é, outrossim, a *prima materia*, a substância sem valor da vida psíquica ordinária, ou o cotidiano da vida exterior real, que é transformada. Num caso, o ego onírico de uma mulher estava ajudando uma noiva a se vestir para o casamento. A única imagem incomum era a coroa da noiva, em formato cúbico, aberta na frente e atrás e coberta de cetim. Num outro caso, o ego onírico apenas conduziu duas mulheres a um casamento em que eram convidadas, enquanto uma importante transformação ocorria nas imagens que anteriormente haviam assustado o ego onírico no sonho.

O acasalamento sexual de animais em sonhos não produz, por vezes, filhotes, mas mudanças nas próprias figuras acasaladas – não uma imagem "natural", mas uma que aponta para a transformação de um conflito instintivo no indivíduo que tem o sonho.

Observar o aparecimento de imagens da *conjunctio* numa série de sonhos pode fornecer pistas sobre quando pode ser esperada a reconciliação de determinado par de opostos incompatíveis. Às vezes, isso se reflete no alívio de um conflito consciente; outras, o resultado no nível da vida consciente pode ser não mais que uma atenuação da depressão ou ansiedade. De fato, grande parte do trabalho de análise parece consistir em manter uma constante e confiável estrutura abrangente, em que as preparações para a *conjunctio* possam ocorrer com segurança.

Os sonhos que não correspondem naturalmente às imagens da alquimia não devem ser forçados a se ajustar a elas, nem é aconselhável que se force a interpretação de motivos não claramente evidentes. (O perigo do reducionismo arquetípico paira constantemente no consultório junguiano.) Há sempre mais sonhos que os recordados ou levados à análise, e esses também podem estar trabalhando silenciosamente pela mudança. Nunca devemos esquecer que os analistas, na grande maioria, são parteiros e facilitadores – observadores de um misterioso processo, não a origem deste.

Capítulo 10

SONHOS E INDIVIDUAÇÃO

A NATUREZA DA NEUROSE

A descrição mais comum da neurose é esta: a psique trabalhando contra si mesma, mais como um país em guerra civil que como um todo unificado. Em certa medida, todos somos neuróticos, no sentido de que poucas vezes estamos "de acordo" conosco. A mera existência de partes da psique, como o ego e a sombra, implica que elas não trabalham necessariamente em uníssono. Mas o excesso de incongruência ou de conflito entre a imagem do ego dominante e outras partes ativas da psique é característico da neurose crônica, uma das condições humanas mais difíceis de alterar.

Os sonhos são compensatórios em todos os estados de funcionamento psicológico – na vida comum (onde compensam o processo de individuação), na psicose (onde tentam produzir um ego estável) e na neurose (onde estão ativos na tarefa de retirar o ego de um desvio ou impasse neurótico e colocá-lo na corrente principal da individuação). A individuação ocorre em qualquer estado da psique, quer uma pessoa esteja consciente ou inconsciente, mas é muitíssimo facilitada quando o ego, consciente e intencionalmente, observa os movimentos da psique, assume uma atitude em relação a eles e participa, de forma responsável, na evolução da psique como um todo.

Nenhuma tarefa vital verdadeira pode ser evitada; ela poderá apenas ser abordada de modo oblíquo ou substituto. Os sintomas neuróticos são, com frequência, substitutos da experiência vital mais direta, evitada por medo. Uma falta de autoafirmação normal pode resultar em sintomas neuróticos de ansiedade crônica, de modo que situações geralmente não temíveis passam a suscitar medo – como se a psique produzisse uma superabundância de situações em que o desenvolvimento necessário poderia ocorrer. Uma pessoa que procura se motivar mais por autossugestão que por crescimento caracterológico poderá constatar que as sugestões fracassaram, resultando em depressão. Se a introversão é necessária, mas evitada, os sintomas psicossomáticos poderão forçar esse período de introversão. Esses movimentos da psique são sutis, mas não fracos.

Os neuróticos caracterizam-se por uma adaptação a um mundo que se apresenta muito normal quando visto de fora. Eles desempenham, em geral, bastante bem as tarefas básicas da vida, mas à custa de excessiva tensão interna. Em certo sentido, a neurotização requer estrutura psíquica mais desenvolvida e não se constitui apenas em sofrer o conflito com outros no meio. O neurótico é capaz de internalizar o conflito, criando estruturas intrapsíquicas complexas, que isolam o ego do conflito original, mas produzem conflitos substitutos que parecem ser menos significativos somente até o momento em que são observados analiticamente.

De modo geral, o ego neurótico já é estável e se encontra suficientemente bem formado, embora identificado com imagens egóticas que o resguardam do envolvimento direto no progresso da individuação. Isso está, por vezes, a serviço da manutenção de uma fase particularmente agradável do passado, de modo que o ego está, em parte, fixado através de uma aderência aos prazeres do estado passado. A fixação também pode ocorrer por causa de severo trauma no passado, tentando o ego reproduzir a situação traumática a fim de resolvê-la ou compensar no presente o trauma do passado; num caso ou noutro, o presente é sacrificado a uma relação dinâmica com o passado. Se essas opções fossem claramente conscientes, não haveria problema. O indivíduo poderia simplesmente reconhecer o equívoco e abandonar a tarefa neurótica, ou aceitar uma forma particular da tarefa e dedicar-se a soluções potenciais. Entretanto, como a escolha é inconsciente, o que o ego vivencia é uma curiosa e perversa repetição de eventos; em nível mais profundo, a escolha é feita pelo próprio ego, mas dissociado da imagem dominante do ego.

Ao longo da vida, o Si-mesmo exerce uma pressão contínua sobre o ego, tanto para que enfrente a realidade como para que participe do processo de individuação. Ele faz isso com ou sem o consentimento voluntário do ego, mas as compensações contra o ego relutante (pesadelos, acidentes, sintomas físicos etc.) costumam ser mais severas que a relação complementar do inconsciente com um ego que está se esforçando ao máximo para participar conscientemente do processo de individuação.

Como os sonhos podem ajudar?

Uma compreensão dos sonhos revela ao ego padrões repetitivos, em que frequentemente é possível descobrir repetidos erros apresentados de diferentes maneiras. Quando esses conflitos são vistos com clareza, há a possibilidade de ação mais direta numa direção responsável. Os sonhos estão a serviço da psique como um todo e só secundariamente se opõem a qualquer atitude ou ponto de vista particular do ego. Ao discernir o que os sonhos já estão tentando realizar, o ego vígil é capaz de avaliar sua própria posição e participar, se quiser, dos processos mais profundos. Não que o ego vígil possa simplesmente confiar o curso de sua vida aos sonhos, como se fossem guias (um equívoco muito comum). É absolutamente necessário que o ego vígil conheça sua própria posição a fim de que os sonhos tenham claro papel compensatório, função natural na psique saudável.

Os sonhos que mostram um ego forçado a lidar com situações ameaçadoras são particularmente indicativos de um desenvolvimento neuroticamente retardado. Os sonhos de figuras ameaçadoras que se tornam menos ameaçadoras à medida que se avizinham do ego onírico, por exemplo, assinalam o medo excessivo de enfrentar conteúdos não integrados da psique. É nessa fase do crescimento do ego que as imagens arquetípicas da luta ou aventura heroica são particularmente aplicáveis, pois o ego imaturo poucas vezes alcança estado maduro sem enfrentar antes situações terríveis e potencialmente ameaçadoras. Há muitos paralelos na mitologia e no folclore para esses desenvolvimentos. Os contos de fadas, em particular, parecem constituir rico repositório de modos de desenvolvimento do ego e podem ser usados vantajosamente para ampliar sonhos que se ocupam dessa luta. Os contos de fadas também assinalam a multiplicidade de formas de desenvolvimento do ego em homens e mulheres. Há, em geral, uma força terrível e regressiva a ser superada (como um dragão) ou uma imagem parental hostil ou indolente (o velho rei ou a rainha madrasta e ciumenta etc.). Além disso, há as criaturas que ajudam, animais que falam e conhecem mais da sabedoria natural da vida que o ego. O motivo onírico de um animal prestimoso, capaz de falar, pode indicar que o inconsciente está pronto para ajudar o ego em sua tarefa; esses sonhos parecem constituir sinais prognósticos particularmente positivos.

A própria multiplicidade de motivos dos contos de fadas lembra-nos de que há muitas maneiras diferentes para o desenvolvimento do ego imaturo. Nem tudo são lutas heroicas; ocasionalmente, há um conto de fadas que mostra que o ego é incapaz de realizar qualquer coisa pelos próprios meios, de modo que terá de esperar ajuda externa. Clinicamente, isso envolveria um papel muito mais ativo e de apoio para o analista ou o grupo terapêutico; mais envolvimento e incentivo seriam necessários antes de poder esperar que o ego do analisando fizesse os primeiros movimentos independentes.

Em certo caso, uma mulher que vivera a vida contida em papéis femininos tradicionais teve uma breve, infeliz e inadequada relação com um homem muito mais jovem, o que a levou à depressão e depois à psicoterapia. Quando começou a melhorar, sonhou com uma estranha flor, que também era um animal; e era algo simultaneamente masculino e feminino. O motivo indicou a unificação de opostos (planta/animal, macho/fêmea), o que sugere a influência do Si-mesmo. Ela pintou um quadro com base no sonho, e, desse ponto em diante, iniciou-se o desenvolvimento de uma personalidade mais independente.

Num outro caso, uma mulher que começava a se autoafirmar sonhou que estava numa grande sala, na presença de outra mulher, com problema semelhante. Um homem que, em forma projetada, levara grande parte do potencial latente dela estava sentado a uma mesa, trabalhando. Sua esposa acercou-se, numa atitude furiosa e ciumenta, e criticou verbalmente o ego onírico de maneira áspera e mordaz. O ego onírico viu um "rei vermelho" à esquerda da cena da confrontação e jogou sobre ele um manto bordado com quatro coelhos. Ela própria era, de algum modo, o manto. O sonho sugere que sua própria independência (o rei) ainda está encoberta por um manto de qualidades leporídeas – talvez a antiga e não totalmente descartada timidez dos coelhos.

Num terceiro caso, um homem sonha que seu cão de guarda, na realidade morto, está vivo e fala com ele, pedindo-lhe para ser levado para dentro de casa em vez de ser deixado no pátio. Esse sonho indica que uma função protetora apropriadamente agressiva deseja ser mais integrada. O animal falante mostra esse conteúdo mais perto do ponto de integração egótica; as qualidades do cão só tinham aparecido antes em forma regressiva e destrutiva, irrompendo em momentos inesperados.

A RELATIVIZAÇÃO DO EGO

O movimento para sair da neurose envolve também a relativização de um ego forte. O ego desenvolvido é solicitado a enfrentar de novo a matriz inconsciente, da qual se libertou nas primeiras fases do processo de individuação. Teleologicamente falando, é como se o objetivo do processo global de individuação fosse tornar o inconsciente conhecido e reconhecido como fonte. No final das contas, o ego é uma excrescência especializada do inconsciente, sendo sua posição como centro do campo consciente análoga à do seu modelo arquetípico, o Si-mesmo, como centro da psique no todo. As imagens oníricas que apontam a necessidade dessa percepção têm menos probabilidade de retratar tarefas heroicas de confrontação, mas podem mostrar a natureza da realidade de modo surpreendente – incluindo símbolos do Si-mesmo que não parecem estar compensando uma estrutura fraca do ego, mas existindo de forma autônoma, sem forte relacionamento dinâmico com os conflitos neuróticos correntes. Nessa fase, as ampliações podem ser mais apropriadamente encontradas em tradições religiosas que em contos de fadas, embora todas as "regras" a esse respeito devam ser encaradas com certa reserva, porquanto não existe uma divisão clara entre as fases de individuação; além disso, quando falamos de padrão, aludimos a uma generalidade, ao passo que, em qualquer pessoa, o processo é sempre único e mais problemático.

Por exemplo, uma pessoa sonha com uma cidade semelhante a uma mandala, na qual é possível entrar ou não segundo a escolha do ego. Uma variante desse tema é um edifício de dimensões imensas, frequentemente de formato simétrico. Poderá haver *insights* sobre a natureza viva do mundo, como num sonho em que se vê a grande matriz de um animal com muitas cabeças; seu tamanho é assustador, mas sua natureza é dócil e não ameaçadora.

A relativização do ego também pode envolver sonhos impressionantes, nos quais não se faz necessária qualquer ação do ego, em contraposição à atividade heroica frequentemente exigida do ego onírico em fases mais iniciais de diferenciação. Poderão aparecer imagens de iniciação indicando que o ego está prestes a ingressar em outra fase de atividade. Os motivos oníricos de "desprendimentos", referentes a problemas não resolvidos, tendem a ocorrer, especialmente, quando o tempo disponível para a individuação foi cerceado, como no caso de uma doença que levará à morte.

O EGO INDIVIDUANTE

A psicologia junguiana aprecia com extraordinária clareza a natureza relativa do ego.[22] Na maioria dos sistemas psicoterapêuticos, o desenvolvimento de um ego forte e independente constitui meta privilegiada, embora temperada com a necessidade de obter relações íntimas e afetuosas. A psicologia junguiana também dá valor a esses propósitos, mas a concepção da individuação como processo vital básico impede que eles sejam excessivamente enfatizados. Qualquer estado de identidade do ego é visto como algo que se refere ao próprio processo de individuação da pessoa, não importa até que ponto ela seja bem-sucedida em termos de adaptação ao meio ou aos outros.

A inclinação natural do ego é para ver-se como o centro da psique, embora ele seja apenas o centro do mundo consciente virtual, sempre uma construção particular entre as muitas possibilidades arquetípicas. O ego é como o monarca hereditário, único governante de um país, mas não pode controlar tudo o que ocorre em seus domínios nem estar completamente consciente de tudo o que acontece ou poderá acontecer.

O objetivo da análise junguiana não é apenas a construção terapêutica de um ego que funciona adequadamente – embora muitos analisandos prefiram parar por aí, pois nesse ponto sente-se importante alívio da infelicidade neurótica que leva a maioria das pessoas a recorrer à terapia ou à análise. Mas, se o trabalho com o inconsciente for levado além do alívio do sofrimento neurótico, conduzirá de maneira imperceptível à consideração de questões filosóficas, religiosas e éticas em nível muito diferente de sua consideração numa base consciente coletiva. Questões que para um ego meramente forte seriam simples questão de decisão podem se tornar, para o ego individuante, sérias preocupações éticas, pois nada está fora do processo de individuação, e não existe um quadro de referência claro e feito sob medida para a tomada de decisões. Ao efetuar uma escolha, a pessoa está sempre escolhendo um "eu" entre os muitos "eus".

Por exemplo, escolher entre dois empregos pode ser uma questão de preferência consciente. Mas o ego individuante estará tomando uma decisão mais importante. Os sonhos podem mostrar isso, como naquele de um homem que ponderou a aceitação de um emprego que não exigia dele o trato com pessoas e lhe permitia manter seu isolamento neurótico. Após decidir em favor desse emprego "evasivo", sonhou que era atraído para uma mulher que ele sabia estar morta e foi impedido de acompanhá-la num barco (o barco da morte?) pela ação de outra figura alheia ao ego onírico. Analogamente, sonhos repetidos de batidas persistentes na porta podem simbolizar conteúdos deixados de fora da vida do paciente que estão insistindo em ser ouvidos, embora se ignore, até esse ponto, o que realmente sejam.

A natureza relativa do ego pode ser vista ao longo do tempo, mas também pode ser apreciada na fina estrutura de relacionamento do ego onírico com o ego vígil. O núcleo arquetípico do ego, o Si-mesmo, possui uma qualidade centralizadora, embora também dissolva formações incompletas a fim de inseri-las numa estrutura mais inclusiva. Esse *background* arquetípico sustenta o sentido de "eu" que o ego tem como centro da subjetividade. Outros complexos atuam como personalidades parciais e têm até vontades próprias, independentes do ego, como pode ser visto em muitas situações. Mas apenas depois que um conteúdo vivencia uma conexão com o ego é que ele passa a participar no sentido do "eu". Isso é sumamente evidente nas relações do ego com as estruturas de identidade da *persona* e da sombra. Enquanto não estiver integrada no ego, a *persona* é percebida como papel que pode ou não ser desempenhado. Mas novos conteúdos do ego podem entrar por meio do papel da *persona*, tornando-se, mais tarde, parte da própria estrutura do ego. De modo semelhante, a sombra apresenta-se classicamente como projeção não egótica em alguém do meio circundante; mais tarde, deve ser penosamente reabsorvida e vivenciada como parte potencial do "eu".

Os sonhos oferecem campo mais microscópico para a observação da estrutura delicada do complexo do ego. Nas compensações cotidianas de sonhos, vê-se a mesma interação de ego e Si-mesmo (como produtor onírico) que pode ser observada em visão macroscópica no transcorrer de décadas e de sucessivas fases da vida. Além da utilidade clínica, tal observação da relatividade do ego em sonhos e na vida vígil pode levar a uma apreciação do cuidado e da retidão com que os sonhos compensam o ego vígil. É algo muito parecido a ter um amigo sábio, mas imparcial, que sabe coisas a nosso respeito de que podemos suspeitar, mas ainda não conhecemos em plena consciência.

O EGO ONÍRICO E O EGO VÍGIL

A relação estrutural entre o ego onírico e o ego vígil pode ser descrita como semelhante à que predomina em um governo. O ego é o único governante possível, mas pode ser influenciado pelos atos de outras forças necessárias ao governo como um todo. O ego vígil é o representante responsável por tudo o que é feito em nome da psique individual e está sujeito, inclusive, a prestar legalmente contas à sociedade. Mas no estado onírico o ego vígil não está presente em sua complexidade e multiplicidade de níveis. Por outro lado, o ego onírico vê-se investido das mesmas responsabilidades que o ego vígil, mas num mundo onírico isso não é de sua própria escolha. No mundo onírico (assim como no mundo vígil) surgem pessoas e situações que não são do agrado do ego; as tarefas do sonho não são escolhidas, mas *dadas*, tal como o mundo cotidiano possui uma realidade objetiva localizada fora do ego.

A situação do ego onírico pode ser considerada análoga a uma estrutura de comissão no governo do ego vígil. Este é o presidente ou rei, enquanto o ego onírico preside uma *parte* da estrutura que participa do mundo do ego vígil. A "comissão", entretanto, não é ilusória, mas "apenas um sonho". É uma parte, tão somente, de toda a estrutura do ego vígil; logo, as ações (ou a ausência delas) do ego onírico podem afetar o mundo do ego vígil. As ações que resultam em mudanças estruturais no mundo do ego onírico podem ser herdadas de muitas maneiras pelo ego vígil. O modo mais usual de vivenciar essas mudanças consiste em alterações nos estados emocionais do ego vígil: alívio da depressão, declínio ou aumento da ansiedade, sentimento de "decisão certa" em uma situação problemática etc.

Esse diálogo entre o ego vígil e o sonho, mediado pelo ego onírico, é parte do mais amplo diálogo entre o ego e o Si-mesmo. O Si-mesmo não aparece frequentemente em imagens oníricas, pelo menos de maneira reconhecível. É, mais amiúde, visto como o construtor invisível do sonho, aquela força da psique que não só organiza as cenas e a ação, mas também atribui ao ego onírico papel especial. Isso não significa, entretanto, que o sonho esteja totalmente formado antes de ser experienciado pelo indivíduo que o tem, pois as ações do ego onírico parecem ser cruciais no que se segue após tal ação. (Mesmo nos sonhos repetitivos, característicos da neurose traumática, é potencialmente mais terapêutico ver o ego onírico tentando, ainda que sem êxito, iniciar a mudança.)

O ego individuante percebe inevitavelmente que o ego não é o ego onírico nem o ego vígil. O centro do ego, o sentido de "eu", é apenas o modo corrente, subjetivo, de referência para o processo de individuação que relativiza o ego vígil no transcurso do tempo de modo semelhante às relativizações menores que ocorrem à noite na experiência do ego onírico.

Esses *insights* têm implicações práticas na interpretação dos sonhos. A relatividade do ego contradiz a aceitação de qualquer estado egótico como fixo, o que faz ser impróprio falar de escolhas certas ou equivocadas do ego vígil. Salvo em fronteiras legais e éticas muito amplas, as escolhas do ego vígil influenciam tão somente a constelação de seu próprio mundo, que não é "certo ou errado", mas "preferido ou não preferido", "autêntico ou inautêntico". A relatividade do ego em relação às outras estruturas da psique, como a sombra ou a *persona*, também se presta a uma apreciação de como o ego vígil pode ser influenciado pela da ação de partes da psique das quais nada sabe. Por exemplo: o ego poderá esconder desnecessariamente sua realidade atrás de um uso transitório da *persona* – não uma identificação patológica com a *persona*, mas uma manifestação autônoma de *sua* vontade; e aspectos inconscientes da sombra podem levar o ego vígil a ações e atitudes que o próprio ego reputaria sem valor, caso fossem claramente apresentadas para julgamento.

Trabalhar com sonhos como parte da situação analítica confere ao ego vígil sentido da própria relatividade em relação ao ego onírico. Os sonhos de experiências de sombra (de natureza positiva ou negativa), assim como as apresentações dramáticas dos processos de funcionamento do ego vígil, podem levar a uma percepção consciente e muito valiosa, pelo ego vígil, da própria vulnerabilidade. Armado com essa percepção, o ego vígil está mais apto a reconhecer sua arrogância, a evitar a identificação com outras partes da psique e a minimizar as consequências da projeção através de lembranças de como, no passado, fortes reações emocionais a outros acabaram por "acomodar-se" como aspectos da própria sombra ou *anima / animus* do indivíduo.

CONHECIMENTO FOCAL E CONHECIMENTO TÁCITO

Embora possa ser feito um bom trabalho clínico com um mínimo de compreensão teórica, é útil contar, pelo menos, com uma estrutura teórica fundamental, a fim de nos orientarmos nas direções variáveis da situação clínica. Um modo de conceituar a relatividade do ego é em termos de conhecimento *focal* e conhecimento *tácito*, termos derivados da obra epistemológica de Michael Polanyi.[23]

Polanyi fala da estrutura de *todo* o conhecimento como dotada de uma natureza "de cá para lá" (*"from-to"* nature). Confiamos tacitamente no conhecimento de alguns conteúdos, a fim de conhecermos outros de maneira mais focal. O microscópio, por exemplo, é uma estrutura tácita (como é o olho) para o conhecimento focal de microrganismos ou de outros objetos. As conclusões de Polanyi enfatizam que existe um elemento irredutível de comprometimento e risco na tentativa de ser objetivo a respeito de qualquer coisa, seja ela qual for. Formulamos enunciados factuais com intento universal, confiantes de que qualquer observador não tendencioso chegará à mesma conclusão, mas sabemos que é impossível evitar nosso envolvimento pessoal, que determina, em certa medida, não só o que vemos, mas o que escolhemos como merecedor de observação, em primeiro lugar.

Os compartimentos de conhecimento focal e tácito constituem a estrutura universal do conhecimento, afirma Polanyi, mas seus conteúdos podem mudar. O que é tácito num ponto pode ser focal em outro. O compartimento tácito do conhecimento é semelhante ao *inconsciente*, mas não exatamente equivalente, dado que podemos escolher conscientemente o uso de algo de maneira tácita, como quando a fala é considerada tácita em relação ao *significado* para o qual aponta. Do mesmo modo, o conhecimento focal é análogo ao campo da consciência; este pode ser *pré*-consciente, mas, em geral, é facilmente trazido para a luz da percepção consciente.

Se aplicarmos esses conceitos ao ego onírico e ao ego vígil, poderemos dizer que o ego vígil se apoia de forma tácita no conteúdo da psique, o qual se apresentará como focal ao ego onírico. Um complexo que atua como parte da percepção consciente básica do ego vígil (portanto, como parte da estrutura tácita do ego vígil) pode ser personificado por uma figura onírica em relação ao ego onírico. Portanto, a ação do ego onírico sobre essa figura alteraria potencialmente a estrutura em que o ego vígil se apoiará após o sonho, para sua própria percepção tácita do mundo. Assim, a atividade do ego onírico é conceitualizada como uma extensão no mundo onírico do mesmo processo de individuação, que constitui a tarefa mais profunda do ego vígil. O sonho é visto como uma estrutura simbólica que dota o ego onírico de alguns aspectos escolhidos da estrutura do ego vígil. A relação do ego onírico e do ego vígil é vista, portanto, como uma interação profundamente útil entre os compartimentos focal e tácito da identidade do ego.

O analista encontra-se numa posição ímpar não só para observar essas permutas focais/tácitas entre o ego onírico e o ego vígil, mas também para facilitar no analisando a percepção consciente desse processo. Com efeito, quando se está suficientemente cônscio dessas relações e se possui alguma arte para lidar com sonhos, começa a diminuir a necessidade de sessões analíticas formais. Embora a análise formal sempre termine em algum ponto do tempo, o processo de compreensão analítica continua durante toda a vida. Por vezes, o reatamento da análise formal é indicado ou desejado, mas o ego desenvolvido ou diferenciado, ciente de sua relatividade, pode fazer bom uso de muitos sonhos sem ter que discuti-los numa relação analítica.

Capítulo 11

AS DUAS TENSÕES DA INTERPRETAÇÃO DOS SONHOS

Duas tensões estão continuamente presentes no uso bem-sucedido da interpretação dos sonhos. A primeira é a tensão entre interpretações objetivas e subjetivas de motivos oníricos. A segunda é característica não só da interpretação dos sonhos, mas de todo processo analítico: a tensão entre os significados pessoais e arquetípicos.

OBJETIVA E SUBJETIVA

Ao sugerir que em um sonho as imagens e os motivos poderiam ser considerados objetiva (referentes a pessoas ou a eventos da vida vígil) ou subjetivamente (como aspecto da própria psique do indivíduo que tem o sonho), Jung expressou em forma clínica prática uma tensão inerente ao estudo dos sonhos desde a Antiguidade. Freud reduziu essa tensão ao postular que os sonhos eram apenas antigos pensamentos e desejos vígeis inaceitáveis para o ego; se o sonho "latente" por trás do sonho "manifesto" fosse trazido à plenitude da consciência, seria apenas um antigo pensamento vígil reprimido.

A tensão entre o significado objetivo e subjetivo dos sonhos também pode ser reduzida, talvez com excessiva facilidade, se considerarmos que os sonhos se referem sempre à representação subjetiva na mente do indivíduo que sonha. Alguns desses significados subjetivos são representações substantivas na mente de pessoas e situações reais e externas. Sob esse ponto de vista, pensa-se que os sonhos mudam somente a representação interna das coisas, o que, é claro, afeta a experiência externa, pois o ego vígil apoia-se de forma tácita nessas representações substantivas, para seu próprio sentido de orientação na realidade vígil.

A tensão entre o objetivo e o subjetivo, contudo, é mais profunda. Há pouco perigo, num estado não psicótico, de ver alguns sonhos em termos exclusivos de realidade exterior, e a limitação apenas a significados subjetivos nos privaria de uma tensão psicologicamente fecunda.

As experiências vígeis e oníricas não estão em oposição primordial. Não há um misterioso mundo onírico em completa oposição a um "mundo diurno" totalmente objetivo. A experiência consciente vígil e as experiências em sonhos constituem componentes igualmente misteriosos de uma unidade potencial:

o processo de individuação. Os sonhos se dissipam com rapidez, mas o mesmo ocorre (embora mais devagar) com as realidades "sólidas" da vida vígil. Em meio ao fluxo de mudança, eis que pode surgir o processo muito misterioso a que Jung chamou individuação, envolvendo a realização dos potenciais singulares de cada indivíduo no grau e na maneira como forem permitidos pelas vicissitudes da vida.

Na existência vígil, "objetiva", o movimento de individuação nem sempre ocorre em termos do que é "lógico" fazer, assim como nos contos de fadas, na maioria das vezes, não é o príncipe mais velho, mais maduro, quem resgata a princesa em perigo — pode ser seu irmão mais moço, desajeitado, inexperiente, que recorre a métodos nada ortodoxos, como a ajuda de animais. Em qualquer série de sonhos, o movimento pode ser de *ingresso* em situações vitais objetivas ou de *afastamento* destas. Não existe regra fixa. A serviço da individuação, os sonhos podem impelir o ego no sentido de estabelecer-se em identidades culturais correntes. Outras vezes, os sonhos podem retirar o ego de sua bem--sucedida adaptação vígil e colocá-lo diante de significados e tarefas mais sutis.

A resolução final da tensão entre o objetivo e o subjetivo é um sentimento do que Jung descreveu como a circum-ambulação de um misterioso centro da psique, que pode ser sentido, mas nunca definido, nas redes da consciência. Nesse misterioso processo, psicologicamente análogo à busca alquímica, o ego é relativizado, mas não moderado; os eventos são reais, mas não esmagadores; as imagens em sonhos são guias, mas não mestres. Finalmente, o que é servido e facilitado por sonhos é o processo de individuação, embora os sonhos possam ser usados, de passagem, nas tarefas psicoterapêuticas comuns de solução de problemas e desenvolvimento da personalidade.

PESSOAL E ARQUETÍPICA

Outro modo de enunciar a tensão envolvida na individuação psicológica é em termos da oposição entre significado pessoal e significado arquetípico. Quando uma pessoa está profundamente arraigada no coletivo, na realidade exterior da vida cotidiana, a descoberta, em seus próprios sonhos, de imagens universais, arquetípicas, oriundas das profundezas objetivas da psique, pode constituir uma experiência libertadora. Também se o indivíduo costuma ser propenso a uma confusão desenfreada, esquizofrênica, de imagens arquetípicas, a realização de uma postura estável do ego é igualmente sentida como libertação.

Tanto o neurótico colhido em excessiva concretização de "realidades" familiares ou sociais quanto o esquizofrênico que se afoga num mar de significados arquetípicos encontram uma sensação de refúgio no que poderia ser chamado de esfera pessoal da vida. A história pessoal é o sentimento mais profundo de significado e continuidade do próprio indivíduo, não apenas a história pseudopessoal constituída de datas e eventos exteriores, o costumeiro varal da vida, em que vários papéis são pendurados como velhas peças de roupa. A vida exterior pode sofrer profundas mudanças sem qualquer alteração na percepção subjetiva de seu significado. Mas todo terapeuta conhece a situação oposta, em que a vida exterior transcorre calma e inalterada, enquanto o inerente estado subjetivo é transformado no que é: de modo essencial, um mundo totalmente novo e diferente de significado.

O ego vígil existe entre duas constelações arquetípicas igualmente perigosas. Estamos acostumados, na psicologia junguiana, a pensar no domínio arquetípico do inconsciente coletivo, a psique objetiva, como um contraponto às rígidas construções do ego vígil. Estamos menos habituados a pensar nas origens arquetípicas do mundo da consciência coletiva. Entretanto, ambos os mundos, que cercam o ego nas fronteiras internas e externas, são arquetípicos.

O mundo da consciência coletiva (a história, tal como a lemos) é modelado por certos indivíduos que expressam conteúdos arquetípicos derivados da psique objetiva. Muitos fazem isso e não conseguem ter impacto cultural, mas outros provocam uma resposta particularmente ágil em sua cultura ou sociedade e alteram-na em maior ou menor grau. Formas arquetípicas encerradas em instituições culturais tornam-se o mobiliário tácito da mente consciente coletiva. Todavia, no momento em que uma forma arquetípica é inserida numa instituição cultural, essa instituição coloca-se em oposição ao próprio arquétipo que lhe deu origem, pois nenhuma forma particular pode veicular toda a gama de significados de uma possibilidade arquetípica.

O que é verdadeiro num nível social também é verdadeiro na psique individual. Nenhuma mãe pessoal, real, pode consubstanciar toda a gama de possibilidades inerentes à Grande Mãe arquetípica, de modo que, na mente, a imago "mãe" é simultaneamente portador e restrição do arquétipo "mãe". O mesmo ocorre com todas as formas arquetípicas, incluindo a imagem visionária de Jung de Deus defecando na catedral da Basileia.[24]

O ego individual pode perder seu caminho ou se perder nas imagens arquetípicas do inconsciente coletivo – sobretudo quando são usadas como fuga às tarefas na vida exterior –, ou nas formas arquetípicas implantadas nas instituições da consciência e cultura coletivas. O problema está em descobrir uma postura pessoal que possa relativizar esses domínios arquetípicos – não os colocando em oposição, não identificando um como verdadeiro e o outro como falso, e sem perder a esfera pessoal, o único espaço em que podem ocorrer os profundos processos de transformação.

Nada que seja de importância *psicológica* ocorre fora da esfera pessoal. Poderá haver tempestades e *tsunamis* de mudança histórica, mas a psique individual é o único portador (e, em última instância, transmissor) das formas arquetípicas que estão tentando alcançar equilíbrio orgânico estável. Por conseguinte, a manutenção da esfera pessoal é de suprema importância tanto na análise como na vida cotidiana.

Na análise, a desintegração da esfera pessoal ocorre quando o domínio arquetípico é excessivamente enfatizado, sendo quase sempre assinalada por uma transferência arquetipicamente distorcida:

o analista é visto, de forma exagerada, como deus ou demônio. Em qualquer um dos casos, deixa de haver uma interação humana. Por outro lado, o analisando pode desvalorizar o próprio processo analítico e buscar refúgio numa forma arquetípica culturalmente implantada, como um partido político ou uma religião organizada. Tais desenvolvimentos são trágicos, pois o campo transformativo da interação analítica é um lugar raro e valioso; para alguns, é a única esperança de encontrar um dia uma esfera verdadeiramente pessoal e a única oportunidade para a participação consciente, não neurótica, no próprio processo de individuação.

Quando usados com cuidado e proficiência clínica, os sonhos constituem o mais apropriado e idôneo guia para a manutenção da esfera pessoal e a evitação das duas formas de reducionismo arquetípico.

RESUMO

Os sonhos são parte natural da vida da psique. Servem ao processo de individuação através da compensação de modelos distorcidos da realidade mantidos pelo ego vígil.

O sonho deve ser registrado, tão próximo quanto possível, como ocorreu de fato. É preciso resistir às interpolações do ego vígil. Mesmo os sonhos que se avizinham da realidade vígil têm, com frequência, uma nuança simbólica.

Na ampliação de motivos oníricos, as associações pessoais devem ser mais importantes que as ampliações culturais ou arquetípicas, embora alguns sonhos só possam ser entendidos à luz de material transpessoal. O sonho ampliado deve ser firmemente colocado no contexto da vida do indivíduo que o teve.

Os sonhos podem representar valiosa ajuda em áreas clínicas, como o diagnóstico diferencial, a avaliação prognóstica, e na tomada de decisões acerca de apoios adicionais, como medicação, frequência de horas de análise e hospitalização. Os sonhos também são guias sobre quando enfatizar modos redutivos ou prospectivos de análise.

Uma série de sonhos oferece correções a interpretações equivocadas de determinado sonho. Motivos idênticos raramente se repetem; imagens afins que se reúnem em torno dos mesmos complexos parecem ser mais frequentes. Acompanhar imagens e motivos numa série de sonhos pode proporcionar ao analista e ao analisando uma compreensão especial do subjacente processo de individuação que os sonhos estão tentando favorecer.

Os sonhos são particularmente úteis no tratamento da neurose. Os conflitos neuróticos são, muitas vezes, sintomáticos da evitação de tarefas vitais apropriadas. Na neurose, os sonhos já estão tentando superar a divisão neurótica, encorajando o ego a lidar com processos vitais reais, não com substitutos neuróticos. No tratamento da neurose, faz-se recuar o ego para enfrentar o movimento básico de individuação, que envolve o desenvolvimento de ego forte e a percepção, pelo ego, de sua natureza parcial, em comparação com a totalidade representada pelo Si-mesmo.

Não se devem usar os sonhos em excesso nem permitir que desviem o processo analítico de outro material que obviamente necessite de atenção. Quando não há sonhos, a análise pode prosseguir com o que estiver à mão – transferência-contratransferência, recapitulação do passado, eventos da vida cotidiana, ocorrências em terapia de grupo, projeções em tabuleiro de areia etc. Os sonhos servem ao processo de individuação, mas não o são eles próprios.

A análise responsável de sonhos preserva a tensão entre significados objetivos e subjetivos, assim como as tensões mais amplas entre a esfera pessoal e as forças arquetípicas que a cercam.

O sonho é um fragmento de realidade cuja origem é pessoal, mas obscura; cujo significado é fecundo, mas incerto; e cujo destino no mundo do ego vígil está em nossas próprias mãos. Se o tratarmos com respeito e interesse, ele nos servirá de múltiplas maneiras. Se o desprezarmos, ele nos impressionará de qualquer modo, operando suas transformações alquímicas nas profundezas da psique, buscando o mesmo objetivo de individuação, com ou sem nossa ajuda consciente.

Os sonhos são entidades misteriosas, com mensagens de um amigo desconhecido solícito, mas objetivo. Sua caligrafia e linguagem são, por vezes, obscuras, mas nunca há qualquer dúvida quanto à preocupação subjacente com nosso bem-estar fundamental – que pode ser diferente do bem-estar que imaginamos ser nossa meta.

A humildade é necessária. Jamais um sonho poderá ser compreendido na íntegra; eventos e sonhos futuros podem modificar o que parecia ser uma interpretação perfeitamente completa. Devemos estar sempre conscientes da natureza misteriosa dos sonhos, que existem no limite de nosso entendimento acerca do cérebro e da mente, da vida consciente e inconsciente, da vida pessoal e transpessoal.

NOTAS

CW – *The Collected Works of C. G. Jung* (Bollingem Series XX), 20 volumes. Tradução de R. F. C. Hull. Coordenação de H. Read, M. Fordham, G. Adler e Wm. McGuire. Princeton University Press, Princeton, 1953-1979.

1. Ver "Wotan" e "After the Catastrophe", em *Civilization in Transition*, CW 10.

2. Ver Jolande Jacobi, *The Way of Individuation*, trad. de R. F. C. Hull, Hodder & Stoughton, Londres, 1967.

3. Ver H. P. Roffwarg, W. C. Dement, J. N. Muzio e outros, "Dream Imagery: Relationship to Rapid Eye Movements of Sleep", *Archives of General Psychiatry* 7 (1962): 235-58.

4. Ver James A. Hall, *Clinical Uses of Dreams: Jungian Interpretations and Enactments*. Grune & Stratton, Nova York, 1977,

pp. 163-79; e M. Polanyi. *Personal Knowledge: Toward a Post-Critical Philosophy*. University of Chicago Press, Chicago, 1958.

5. *The Psychological Meaning of Redemption Motifs in Fairytales*. Inner City Books, Toronto, 1980, pp. 17-8. [Título em português: *O Significado Psicológico dos Motivos de Redenção nos Contos de Fadas*. São Paulo: Cultrix, 1985. Trad. Álvaro Cabral.]

6. Hall, *Clinical Uses of Dreams*, pp. 151-61.

7. *Ibid.*, pp. 331-47.

8. *Face to Face*, BBC Production, 1961. [Esta entrevista está nas pp. 361 a 371 de *C. G. Jung: Entrevistas e Encontros*, vol. org. por William McGuire e R. F. C. Hull e traduzido por Álvaro Cabral para a Editora Cultrix, São Paulo, 1982.]

9. "The Psychology of the Transference", em *The Practice of Psychotherapy* , CW 16. A outra principal fonte dos pensamentos de Jung sobre transferência e contratransferência é "The Tavistock Lectures" (em particular a V Conferência), em *The Symbolic Life*, CW 20.

10. *Ibid.*, §§ 334-36.

11. *Ibid.*, § 331.

12. *Experimental Researches*. CW 2, §§ 733, 1351.

13. Ver "The Psychology of Dementia Praecox", em *The Psychogenesis of Mental Disease*, CW 3, § 86. Ampliei ligeiramente o conceito de ego afetado ao relacioná-lo à teoria das relações de objeto (ver meu *Clinical Uses of Dreams,* pp. 49-52).

14. *Memories, Dreams, Reflections*, trad. de Richard e Clara Winston, ed. org. por Aniela Jaffé. Collins Fontana Library, Londres, 1967, pp. 354-55.

15. Hall, *Clinical Uses of Dreams*, pp. 269-71.

16. Alguns dos motivos aqui apresentados, e muitos outros, são examinados mais detalhadamente em meu *Clinical Uses of Dreams*, p. 275-327.

17. "On the Psychology and Pathology of So-Called Occult Phenomena", em *Psychiatric Studies*, CW 1. Para as opiniões posteriores de Jung sobre o significado psicológico de fenômenos do "espaço exterior", na vida vígil e em sonhos, ver "Flying Saucers: A Modern Myth", em *Civilization in Transition*. CW 10.

18. Ver "Synchronicity: An Acausal Connecting Principle", em *The Structure and Dynamics of the Psyche*, CW 8.

19. Ver Louise Rhine, *Hidden Channels of the Mind*. Sloan, Nova York, 1961, e "Psychological Processes in ESP Experiences: I. Waking Experiences; II. Dreams", *Journal of Parapsychology* 26(1962): 88-111, 171-99.

20. M. Ullman, S. Krippner e A. Vaughn, *Dream Telepathy*. Macmillan, Nova York, 1973. Ver também M. Ullman, "An Experimental Approach to Dreams and Telepathy", em *Archives of General Psychiatry* 14 (1966): 605-13.

21. Uma excelente apresentação de procedimentos alquímicos e suas analogias psicológicas é feita nos artigos de Edward Edinger, "Psychotherapy and Alchemy", em *Quadrant* (revista da Fundação C. G. Jung de Nova York), 11-15 (primavera de 1978 à primavera de 1982). Outro estudo útil do simbolismo alquímico e de suas implicações psicológicas é o de Marie-Louise von Franz, *Alchemy: An Introduction to the Symbolism and the Psychology*. Inner City Books, Toronto, 1980. [Título da edição brasileira: *Alquimia: Introdução ao Simbolismo e à Psicologia*. São Paulo: Cultrix, 1985. Trad. de Álvaro Cabral.]

A respeito das imagens da *conjunctio*, ver meu ensaio "Enantio-dromia and the Unification of Opposites", em *The Arms of the Wind-mill: Essays in Analytical Psychology in Honor of Werner H. Engel*, ed. org. por Joan Carson. Nova Yorque, edição particular, 1983.

22. Hall, *Clinical Uses of Dreams*, pp. 146-50.

23. Polanyi, *Personal Knowledge*.

24. *Memories, Dreams, Reflections*, p. 56.

GLOSSÁRIO DE TERMOS JUNGUIANOS

Anima (latim, "alma"). O lado feminino, inconsciente, da personalidade de um homem. Ela é personificada em sonhos por imagens de mulheres, desde a prostituta e sedutora até a guia espiritual (Sabedoria). É o princípio de Eros, e, por conseguinte, o desenvolvimento da *anima* de um homem reflete-se no modo como ele se relaciona com mulheres. A identificação com a *anima* pode manifestar-se como inconstância do estado do espírito, humor caprichoso, efeminação e hipersensibilidade. Jung chama a *anima* de *arquétipo da própria vida*.

Animus (latim, "espírito"). O lado masculino, inconsciente, da personalidade de uma mulher. Ele personifica o princípio do *logos*. A identificação com o *animus* pode fazer com que uma mulher se torne rígida, opiniática, obstinada e questionadora. Mais positivamente, é o homem interior que atua como ponte entre o ego da mulher e seus próprios recursos criativos no inconsciente.

Arquétipos. Irrepresentáveis em si mesmos, mas seus efeitos manifestam-se na consciência como as imagens e ideias arquetípicas. São padrões ou motivos universais que promanam do inconsciente coletivo e constituem o conteúdo básico de religiões, mitologias, lendas e contos de fadas. Emergem nos indivíduos por meio de sonhos e visões.

Associação. Fluxo espontâneo de pensamentos e imagens interligado em torno de uma ideia específica, determinado por conexões inconscientes.

Complexo. Grupo emocionalmente carregado de ideias ou imagens. No "centro" de um complexo está um arquétipo ou uma imagem arquetípica.

Constelado. Sempre que existe forte reação emocional a uma pessoa ou situação, um complexo é constelado (ativado).

Ego. O complexo central no campo da consciência. Um ego forte pode relacionar-se objetivamente com os conteúdos ativados do inconsciente (isto é, com outros complexos), em vez de se identificar com eles, o que constituiria estado de possessão.

Função transcendente. O "terceiro" reconciliador que emerge do inconsciente (na forma de símbolo ou de nova atitude) depois que os opostos conflitantes foram conscientemente diferenciados e a tensão entre eles, mantida.

Individuação. Percepção consciente da realidade psicológica única de um indivíduo, incluindo forças e limitações. Leva à experiência do Si-mesmo como centro regulador da psique.

Inflação. Estado em que o indivíduo tem sentimento irrealisticamente alto ou baixo (inflação negativa) de identidade. Indica regressão da consciência para o inconsciente, o que tipicamente acontece quando o ego admite excesso de conteúdos inconscientes e perde a faculdade de discriminação.

Intuição. Uma das quatro funções psíquicas. É a função irracional que nos indica as possibilidades inerentes no presente. Em oposição à sensação (função que percebe a realidade imediata através dos sentidos físicos), a intuição percebe através do inconsciente; por exemplo, lampejos de origem desconhecida.

Participation mystique. Expressão derivada do antropólogo Lévy-Bruhl denotando conexão psicológica primitiva com objetos, ou entre pessoas, resultando num forte vínculo inconsciente.

Persona (latim, "máscara de ator"). O papel social do indivíduo, derivado das expectativas da sociedade e do treinamento nos primeiros anos de vida. Um ego forte relaciona-se com o mundo exterior através de uma *persona* flexível; a identificação com uma *persona* específica (médico, letrado, artista etc.) inibe o desenvolvimento psicológico.

Projeção. Processo pelo qual uma qualidade ou característica da própria pessoa é percebida e reage a ela num objeto ou numa pessoa exterior. A projeção da *anima* ou do *animus* numa mulher ou num homem real é vivenciada como se fosse uma paixão. As expectativas frustradas indicam a necessidade de retirar projeções, a fim de se relacionar com a realidade de outras pessoas.

Puer aeternus (latim, "juventude eterna"). Indica certo tipo de homem que permanece tempo demais com uma psicologia adolescente, em geral associada a forte vínculo inconsciente com a mãe (real ou simbólica). Os traços positivos são a espontaneidade e a abertura para mudanças. Sua contraparte feminina é a *puella*, "menina eterna", com ligação correspondente ao mundo paterno.

Senex (latim, "velho"). Associado a atitudes que chegam com a idade avançada. Negativamente, isso significa cinismo, rigidez e extremo conservadorismo; os traços positivos são responsabilidade, método e autodisciplina. Uma personalidade bem equilibrada funciona adequadamente na polaridade *puer-senex*.

Sentimento. Uma das quatro funções psíquicas. É uma função racional que avalia o mérito das relações e situações. O sentimento deve distinguir-se da emoção, devida a um complexo ativado.

Símbolo. Melhor expressão possível para algo essencialmente desconhecido. O pensamento simbólico é não linear, orientado pelo hemisfério cerebral direito; é complementar do pensamento lógico, linear, do cérebro esquerdo.

Si-mesmo (*Self*). Arquétipo da totalidade e centro regulador da personalidade. É vivenciado como poder transpessoal que transcende o ego, por exemplo, Deus.

Sombra. Parte inconsciente da personalidade caracterizada por traços e atitudes, negativos ou positivos, que o ego consciente tende a rejeitar ou a ignorar. É personificada em sonhos por pessoas do mesmo sexo da pessoa que sonhou. A assimilação consciente da própria sombra resulta, em geral, num aumento de energia.

Transferência e contratransferência. Casos particulares de projeção comumente usados para descrever o inconsciente; vínculos emocionais que surgem entre duas pessoas numa relação analítica ou terapêutica.

Uroboro. Serpente ou dragão mítico que devora a própria cauda. É símbolo tanto para a individuação, como processo circular e autônomo, quanto para a autoabsorção narcisista.